REBONDIR

DU MÊME AUTEUR

Souvenirs, 2022

Les Trignac dans l'histoire, 2023

Le chevalier Hugues de Trignac, 2024

Un rendez-vous mystérieux, 2024

REBONDIR

Le parcours d'un aidant

© Jean-Paul Trignac, 2024

Édition : BoD · Books on Demand,
31 avenue Saint-Rémy, 57600 Forbach, bod@bod.fr

Impression : Libri Plureos GmbH, Friedensallee 273,
22763 Hamburg (Allemagne)

ISBN : 978-2-3224-9618-1
Dépôt légal : Décembre 2024

Tous les bénéfices de la vente de cet ouvrage, écrit par un Rotarien, sont destinés à être reversés au profit de la recherche sur les maladies neurodégénératives de type :

AMS (Atrophie Multi Systématisée) et
SLA (Sclérose Latérale Amyotrophique)
appelée maladie de Charcot.

Pour faire un don à la recherche médicale
via le fonds de dotation du Rotary,

Scannez
le QRcode :

ou rendez-vous sur :
https://fonds-dotation.rotary1710.org/paiement/form.xpx?idProjet=91

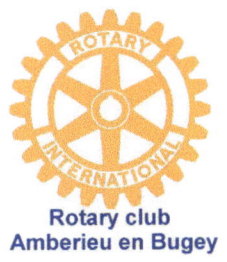

**Rotary club
Amberieu en Bugey**

À mon épouse Brigitte, partie bien trop tôt,

à mes enfants.

1. Préambule

AMS, SLA. J'ignorais la signification de ces sigles quelques années auparavant. Désormais, ils resteront gravés à jamais dans mon esprit. Derrière ces quelques lettres d'une apparence inoffensive se dissimulent de terribles monstres, dont on ne parlait pas encore voici quelques décennies. Ces monstres embusqués, ce sont les affections neurodégénératives, connues pour certaines dans le langage populaire comme : *la maladie de Charcot, Parkinson, Alzheimer.* Elles se montrent désormais au grand jour, car liées la plupart du temps au vieillissement progressif de la population. Nous ne possédons aucune arme à ce jour pour les combattre. Leur identification récente n'a pas encore mobilisé la recherche médicale à grande échelle, tant les cas étaient peu nombreux au regard d'autres maladies connues depuis plus longtemps.

La Sclérose Latérale Amyotrophique (SLA), ou maladie de Charcot, et l'Atrophie Multi Systématisée (AMS) sont deux maladies neurodégénératives graves et incurables. Elles affectent le système nerveux, mais elles diffèrent par leur origine, leurs symptômes et leur évolution.

Actuellement, sur l'ensemble de la population française, on estime un taux d'incidence de 3 sur 100.000 pour la SLA, soit environ 2.000 cas annuels. Concernant l'AMS, ce taux est d'environ 0,6 sur 100.000, soit près de 400 cas annuels.

Ces taux sont à comparer au nombre de cancers de tous types détectés chaque année. L'incidence est de l'ordre de 600 sur 100.000, soit 400.000 cas annuels.

La prévalence, qui représente le nombre total d'affections à un moment donné, est évaluée à 5.000 pour la SLA, à 2.500 pour l'AMS, alors qu'elle explose à 3,8 millions pour le cancer.

La SLA affecte les motoneurones, c'est-à-dire les cellules nerveuses qui contrôlent les mouvements volontaires des muscles.

L'AMS affecte plusieurs systèmes du corps, y compris le système nerveux autonome qui contrôle les fonctions involontaires comme la pression artérielle, le système moteur qui intervient dans la motricité, ainsi que le cervelet, lequel coordonne les mouvements.

La SLA se caractérise par une faiblesse musculaire progressive et atrophique, par la spasticité (raideur musculaire), des difficultés à parler, à avaler et à respirer. Elle affecte principalement les muscles volontaires. Elle se développe en menant à une paralysie complète et une insuffisance respiratoire dans les 3 à 5 ans suivant le diagnostic. L'intellect et les sens restent souvent intacts jusqu'aux stades avancés de la maladie.

L'AMS entraîne des problèmes de coordination et d'équilibre (ataxie). Elle provoque la rigidité des muscles, et déclenche des tremblements similaires à ceux de la maladie de Parkinson. En parallèle, on observe des dysfonctionnements autonomes, tels que des problèmes de contrôle de la pression artérielle, de la vessie, et de la fonction intestinale. Elle s'attaque aussi aux fonctions de la parole, de la déglutition et de la respiration. Son affection sur plusieurs systèmes corporels rend la gestion des symptômes plus complexe et le diagnostic plus difficile à établir. Elle progresse souvent sur une période de 5 à 10 ans. L'intellect et les sens restent intacts.

La SLA est relativement bien documentée en raison de sa médiatisation par son appellation « maladie de Charcot ». La recherche qui lui est dédiée, par ses communications, contribue à sa connaissance. L'AMS, bien que tout aussi sérieuse, mais plus sournoise, est moins courante et en conséquence, moins connue du grand public. Elle ne fait pas l'objet de recherches spécifiques.

Ces deux affections sont terrifiantes :

Pour la personne atteinte qui garde toute sa lucidité. Elle se voit diminuer de jour en jour et devenir progressivement totalement dépendante, par l'impossibilité d'écrire, de parler, de se mouvoir, d'avaler et de respirer. Outre les douleurs physiques, la détresse morale est immense dans la mesure où l'intellect et tous les sens restent intacts.

Pour l'aidant qui, à un certain moment, va tout abandonner pour se consacrer en intégralité à son proche et le voir se dégrader en totale impuissance. Il s'épuise sans s'en rendre compte. Il s'accroche aux infimes signaux qui lui semblent porteurs d'espoir et ignore souvent délibérément les signaux forts qui démontrent l'accélération du processus.

J'ai été cet aidant. J'ai traversé avec mon épouse ces années douloureuses. Deux ans après son décès, moi le survivant, j'ai ressenti le besoin de raconter notre parcours, mais aussi comment je vis ce déchirement et comment je reconstruis ma vie. Je nourris l'espoir que mon récit serve un jour à d'autres aidants et aidantes dans leur processus de deuil. Ce processus se déroulera, qu'ils le veuillent ou non. Mieux vaut l'accompagner que de le subir. L'expérience des autres peut contribuer à entrevoir des solutions pour soi-même.

Ce récit n'est qu'un témoignage, je ne prétends pas donner un quelconque exemple. Mon parcours d'aidant était celui d'un débutant en la matière. Il a sans doute été jalonné d'erreurs. Nous avons choisi ensemble le chemin de la solitude à deux ; celui de se faire oublier du monde, pour laisser vivre les autres dans leur insouciance, mais aussi pour ne pas apparaître faibles et diminués.

Nous n'avons pas cherché non plus à nous rapprocher d'associations qui nous auraient peut-être apporté un réconfort. C'était un choix volontaire, parfaitement assumé. Diverses voies existent.

2. Brigitte

Depuis 1985, nous étions un couple emblématique, solidement ancré dans notre village et bien au-delà. Notre arrivée fut marquée par l'acquisition d'une vieille ferme, que nous avons métamorphosée en une magnifique propriété grâce à d'importants travaux. Vingt ans plus tard, l'année de la retraite de mon épouse Brigitte, nous vendions cette demeure pour emménager dans une maison plus petite, à seulement quatre cents mètres de la précédente. L'opportunité s'était présentée à nous au bon moment. Nous cherchions un projet pour atténuer l'abîme qui s'ouvrait devant elle : le passage de la vie active à la retraite. L'aménagement de cette nouvelle maison répondait parfaitement à ses aspirations.

À l'âge de 73 ans, en juillet 2022, elle fut emportée par une AMS, une maladie rare, comme on l'a vu plus haut, que la médecine distingue à peine de la SLA. Je dois avouer qu'au début, je ne comprenais pas totalement ces subtilités médicales, car pour le malade et l'aidant, les conséquences demeurent identiques.

Sa prime enfance, vécue en partie dans les campagnes du centre de la France, lui avait profondément imprégné l'amour du rural, de la nature dans toute sa vérité, sa beauté et son authenticité. Ensuite, le métier de son père l'emmena au-delà des mers et la ramena en France, amenant la famille à s'établir en divers lieux. Elle commença sa carrière d'enseignante sitôt son bac en poche, sans formation préalable au métier. Envoyée sur plusieurs remplacements avant d'être titularisée, elle enseigna même la couture. Peut-être est-ce cela qui l'a conduite plus tard à confectionner de magnifiques robes et costumes moyenâgeux à Pérouges. Alors que les débuts de sa carrière lui procuraient de grandes satisfactions, son premier mariage ne fut guère couronné de succès et se termina rapidement par un divorce.

Elle était une professeure des écoles passionnée, efficace, soucieuse du bien-être et de la progression de chaque enfant. Chaque soir, elle consacrait des heures à préparer ses cours du lendemain. Ses rapports avec les parents d'élèves, ses collègues et sa hiérarchie étaient excellents. Diplomate, généreuse, patiente, toujours à l'écoute et souriante, elle ne se mettait jamais en avant. Je dus insister pour qu'elle prenne la direction de l'établissement scolaire de notre village, devenue vacante, et plus tard, pour qu'elle accepte la présidence de l'OMF de Pérouges. Elle craignait toujours de mal faire, de ne pas pouvoir s'exprimer en public, de froisser quelqu'un.

Elle a enseigné dans toutes les classes du primaire, mais avait une prédilection pour les sections de maternelle. Avec une patience inépuisable, elle consacrait tout le temps nécessaire aux enfants qu'elle percevait en difficulté. Quelle joie pour elle de voir ces bambins s'éveiller puis, devenus adolescents et adultes, plus tard, au hasard des rencontres, d'être reconnue par eux, souvent avec une exclamation tonitruante : « ma maîtresse ! »

Dotée d'un sens inné du spectacle et de la décoration, elle veillait à ce que tout soit beau et harmonieux. La décoration de sa classe éblouissait tant ses collègues que les parents d'élèves. Les fêtes de fin d'année scolaire à l'école étaient grandioses.

Afin de pouvoir consacrer plus de temps à nos deux filles dès leur naissance, elle demanda de travailler à mi-temps ; une situation qui dura dix ans. Elle partageait alors sa classe avec une autre enseignante et amie, tout en assumant la direction du groupe scolaire composé de sept classes. Son mi-temps se transformait souvent en un quatre-vingts pour cent plutôt qu'en un cinquante pour cent, mais elle agissait avec un profond sens du devoir et une véritable passion.

Lors de ses inspections, elle obtenait toujours la meilleure note possible, et les rapports de l'inspecteur étaient invariablement élogieux. En 2001, lors de la rentrée scolaire, elle eut la surprise de recevoir la visite du recteur lui-même, la plus haute autorité de l'académie. Cette visite fut la consécration de ses efforts constants pour améliorer l'école du village qui, grâce à elle, devint un « établissement scolaire pilote ».

Bien que profondément dévouée à l'enseignement, elle savait aussi s'aventurer dans les autres univers que je fréquentais. Elle m'accompagnait souvent dans mes grands projets. Je me souviens d'elle, un peu désorientée, mais toujours attentive, lors de nos réunions où, entre collègues, nous débattions de stratégie, de business plans et d'études de marché. Pendant quelques mois, elle a même endossé le rôle de secrétaire à mes côtés, tout en continuant à enseigner à mi-temps. Elle me confiait souvent que le monde de l'éducation lui semblait trop cloisonné, trop éloigné des réalités de l'entreprise. Ces nouvelles connaissances lui permettaient de mieux comprendre le quotidien des parents d'élèves. En échange, je donnais de temps à autre des cours d'informatique dans ses classes et m'investissais autant que possible dans les festivités de fin d'année scolaire.

Elle fit valoir ses droits à la retraite en 2004, mais la nostalgie des rentrées scolaires la rongea pendant quelques années. Ces moments lui rappelaient tant de bons souvenirs ! Pour combler ce vide, elle s'engagea bénévolement à la bibliothèque municipale, créant un lien précieux avec l'école. Elle recevait les classes pour des séances de lecture et de découvertes, et montait des expositions en accord avec le projet scolaire annuel. Je me souviens particulièrement de l'exposition « Guignol » ; un véritable succès. La salle où l'on installa cette exposition dans le bâtiment de la mairie fut longtemps appelée « salle Guignol ». Cette initiative suscita même l'intérêt de l'académie pour en réaliser une exposition itinérante.

En 2006, ses contributions furent couronnées par les palmes académiques, un symbole prestigieux que l'Éducation nationale décerne avec parcimonie à ses membres les plus méritants. Ce fut une reconnaissance bien méritée pour une carrière et un dévouement exceptionnels.

3. Pérouges

À partir de 2004, Pérouges avec sa cité médiévale, nichée à quelques kilomètres de chez nous, devint notre village de cœur. Auparavant, nous y emmenions famille et amis de passage pour flâner dans ses ruelles pavées et admirer son charme d'antan, repartant toujours avec la célèbre galette. Le hasard de quelques rencontres, lors de spectacles, nous plongea dans l'époque médiévale de la cité. Depuis l'an 2000, chaque année, ses rues revivaient, grâce à des défilés d'habitants en costumes d'époque.

Une association : l'Office Municipal des Fêtes (OMF) avait été créée pour organiser ces évènements. Brigitte, passionnée par les beaux vêtements et dotée de talents de couturière, se laissa séduire par ces costumes. Guidée par les membres de l'association, elle confectionna de magnifiques robes moyenâgeuses pour elle et nos filles, ainsi que des tenues de noble, bourgeois et chevalier pour moi-même.

C'est ainsi que débuta notre aventure pérougienne. Elle intégra rapidement l'association, participant chaque semaine aux travaux de couture dans un local municipal aménagé en atelier pour l'occasion. Peu à peu, l'équipe s'étoffait : les femmes cousaient, tandis que les hommes fabriquaient du matériel d'animation pour les fêtes ; jeux médiévaux, figurines grandeur nature de chevaliers, échoppes médiévales, et autres décors. Chaque année, la fête grandissait, attirant toujours plus de visiteurs, jusqu'à atteindre cinq mille personnes. En 2007, elle rejoignit le bureau de l'association en tant que trésorière, et je l'assistai pour la tenue des comptes et leur présentation lors des assemblées générales.

D'autres évènements virent le jour : cinéma en plein air, journées révolutionnaires, journées des mousquetaires, journées des jeux médiévaux, concerts lyriques, et gospels dans l'église.

À partir de 2009, je pris en charge la conception des affiches, des programmes et de la documentation nécessaire. La mise en œuvre de ces manifestations demandait une grande préparation : décoration de la cité, montage des cabanes, installation des scènes et de la sonorisation. Je participais activement à tous ces travaux avec d'autres bénévoles, soutenus par la municipalité et ses employés.

La fête médiévale commençait à s'essouffler faute de compétence en organisation de spectacles. Lors d'une assemblée générale, après une planification défaillante des intervenants, il fut décidé de professionnaliser l'évènement pour le pérenniser. Certains membres de l'association préféraient une approche plus modeste, mais nous avions un atout de taille : une figure emblématique de Pérouges, également à la tête d'un groupe médiéval réputé. À notre demande, il accepta le rôle de metteur en scène et conseiller technique bénévole. Il s'occupa du recrutement des troupes adéquates ; de donner les consignes, de mettre en place le lignage sur les différents emplacements de spectacles dans la cité et à l'extérieur des murs. La fête prit un nouvel essor. Les médias relayèrent l'évènement, et il s'étendit sur tout le week-end, attirant jusqu'à dix mille visiteurs. J'étais devenu l'animateur, micro à la main, expliquant les fondements marquants des thèmes choisis, racontant des anecdotes d'époque, tout en veillant à l'ordre. Je préparai ce rôle avec soin en me plongeant dans des recherches historiques et dans les quelques ouvrages écrits sur l'histoire de Pérouges.

En 2014, elle devint présidente de l'association. Elle excella dans ce rôle, alliant sourire et gentillesse à une fermeté nécessaire. Sous sa mandature, la fête médiévale et les autres évènements montèrent en puissance.

Notre conseiller médiéval redoubla d'efforts pour attirer des troupes de plus en plus professionnelles, offrant aux visiteurs des reconstitutions historiques d'une fidélité remarquable. Compte tenu de la notoriété de Pérouges, les propositions de spectacles affluaient sans même être sollicitées.

Les journées mousquetaires transformèrent la cité en une scène vivante du XVIIe siècle, ravissant les spectateurs surpris par les combats se déroulant au détour des rues pavées, exécutés par des troupes d'escrime acrobatique renommées.

Une année mémorable, la place centrale se métamorphosa en théâtre de plein air, où un Cyrano majestueux captivait l'audience par ses tirades passionnées.

Les journées révolutionnaires, quant à elles, firent trembler les murs et les cœurs. La guillotine trônait, tandis que résonnaient des chants guerriers et que montait dans la foule une ardente ferveur populaire. La cérémonie de plantation de l'arbre de la liberté, hommage au célèbre tilleul de la cité, suivie d'un baquet républicain, ajoutait une touche poignante et symbolique, ancrant ces journées dans une histoire vivante et palpable.

Des séances de cinéma en plein air, organisées sur la place où étaient projetés de vieux films, offrirent aux spectateurs une expérience inoubliable. Sur grand écran, les rues et les maisons du bourg reprenaient vie. Jadis, de nombreuses productions de cape et d'épée les avaient immortalisées. Les spectateurs, émerveillés, redécouvraient ces lieux emblématiques. À leurs côtés, en chair et en os, se tenaient d'anciens acteurs de ces films, invités spécialement pour l'occasion. Cette immersion cinématographique apportait une nouvelle dimension au temps dans la cité, mélangeant passé et présent de manière magique et nostalgique.

Les journées de jeux médiévaux, attiraient petits et grands dans des parties endiablées. Des week-ends de jeux de l'oie géants entraînaient des fous rires retentissants. Les pions n'étaient autres que des personnages habillés en bernaches magnifiques et hilarantes.

La fête médiévale reste mon souvenir festif le plus marquant, bien qu'éprouvant physiquement. Les gospels suivent de près. Les chants résonnaient dans les murs et faisaient vibrer les cœurs de la foule qui remplissait la fière église de la localité.

En 2019, elle dut céder la présidence en raison de sa maladie qui progressait, l'empêchant de se déplacer seule et de s'exprimer facilement. À cette époque, l'OMF comptait environ quatre cents costumes et une centaine de bénévoles.

4. La maladie

Les premiers indices apparurent en 2012, mais aucun médecin ne parvint à en discerner la nature, avant que le diagnostic ne soit établi, six ans plus tard. Ses premiers troubles sérieux, après une multitude d'examens, trouvèrent une lueur d'espoir grâce à un professeur des hôpitaux de Lyon-Sud. Mais, peu à peu, les pertes d'équilibre devinrent plus fréquentes, la marche plus hésitante, l'écriture laborieuse. Malgré les incessantes séances de kiné, aucun des traitements préconisés par les établissements de santé n'apportait de soulagement. Je commençai alors à équiper notre maison de poignées, de rampes, de sièges, transformant notre demeure en une forteresse contre l'adversité.

En 2017, un incident sonna l'alarme. Nous avions projeté, avec des amis, une balade à bicyclette dans les vignobles de Bourgogne à partir de Beaune. Elle semblait aller bien, mais lors de la prise en main des vélos électriques loués sur place pour l'occasion, elle hésita. Sous notre insistance, elle enfourcha le sien, mais chuta lourdement, sans même avoir avancé. Un deuxième essai ne fut pas plus concluant. Elle renonça, nous exhortant à continuer sans elle. Bien que sa démarche claudicante n'alertât personne, je n'étais pas rassuré. Elle nous attendit dans un magasin à proximité, que nous devions rejoindre après notre périple. La promenade dans les vignes aux couleurs d'automne était sublime. Les villages traversés : Pommard, Volnay, Meursault, Santenay, Puligny, évoquaient tous ces bons vins que nous allions déguster à notre retour. Mais pour moi, cette dégustation avait surtout un goût de profonde inquiétude. Cette expérience confirma mes doutes, nés lors de notre dernière balade à vélo dans le Midi. Son équilibre vacillant et sa difficulté à rouler en ligne droite rendaient la pratique de la bicyclette de plus en plus improbable.

La conduite automobile devint également un défi. J'essayai de l'accompagner autant que possible dans ses déplacements, conciliant tant bien que mal son planning, avec mes engagements multiples de bénévole. Un jour, alors qu'elle revenait seule d'une séance de kiné, elle ne parvint pas à tourner suffisamment le volant pour s'engager dans notre chemin. La voiture percuta la clôture du voisin, détruisant trois montants en béton, le soubassement et le grillage. Heureusement, les dégâts ne furent que matériels. Le conducteur qui la suivait, témoin de l'incident, vint me voir pour exprimer son inquiétude de l'avoir vue zigzaguer sur la route. Ce jour marqua la fin de sa conduite automobile.

Je dus user de beaucoup de persuasion pour lui faire accepter l'utilisation d'une canne pour marcher, supposée sécuriser ses déplacements. Elle rejetait cette idée, craignant le regard des autres. Ne l'utilisant jamais correctement, la canne devint vite une entrave plus qu'une aide. Elle fut remplacée par deux déambulateurs différents, mais elle eut également du mal à les utiliser seule.

L'organisation quotidienne dut évoluer et s'adapter à son état. Rapidement, je pris en charge la totalité du fonctionnement de la maison. Elle en fut frustrée et malheureuse, mais devant la nécessité, elle s'inclina. Je l'emmenais avec moi lors des courses indispensables, elle m'attendait dans la voiture, se distrayant avec des mots croisés. Mais peu à peu, cela devint impossible et je dus demander à des amies de lui tenir compagnie, dans l'espace de mes sorties.

Pour tenter de freiner les effets de la maladie, je l'emmenais tous les deux jours à des rendez-vous de kiné, d'orthophonie et d'ergothérapie. Selon les médecins, la faire bouger était indispensable, afin de ne pas perdre la bataille contre ses muscles paresseux. Ainsi, chaque jour, je la soutenais fermement pour une marche de quelques centaines de mètres dans nos espaces privés, loin des regards curieux. Peu à peu, cette activité devint trop pénible. En quelques mois, elle se limita à un aller-retour de moins de cinquante mètres, jusqu'à la boite aux lettres. Rapidement, elle perdit l'usage des jambes, rendant tout déplacement impossible. Le fauteuil roulant prenait le relais.

Lors des journées chaudes, je lui faisais pratiquer des exercices dans la piscine. Comme elle ne pouvait plus nager seule, je l'équipais d'un gilet de flottaison et je la soutenais dans un mètre d'eau pour qu'elle réalise des mouvements de brasse. Elle perdait vite la coordination de ses membres et s'épuisait rapidement. Descendre et remonter les trois marches du bassin, même avec mon aide, devint difficile. Je devais la porter, jusqu'à ce que cela soit rendu matériellement impossible.

Pour tenter de conserver un peu de motricité des mains et des doigts, elle participait à des séances d'ergothérapie, saisissant et déplaçant des objets, jouant avec des cubes ou des balles. À la maison, je poursuivais avec des quilles finlandaises. Ces activités pouvaient se pratiquer en fauteuil, et bien qu'elle se retrouvât dans les centres de réadaptation avec des accidentés ou des personnes ayant perdu des capacités à cause de la Covid, elle persévérait avec courage.

Les rendez-vous d'orthophonie se succédaient, mais la parole devenait de plus en plus inintelligible, elle ne parvenait plus à prononcer les différents sons du langage. Je voyais sa difficulté de mouvoir ses lèvres et sa mâchoire. À la maison, des exercices de diction avec une application sur smartphone, complétèrent pendant un temps, le travail de l'orthophoniste. Jusqu'au jour où la praticienne s'avoua vaincue, admettant qu'elle ne pouvait plus rien apporter. Ce fut un moment difficile à vivre. Une autre application sur smartphone fut mise en place, permettant de trouver facilement des mots de base, dans l'idée de maintenir une communication minimale. Hélas, l'impossibilité de maîtriser les mouvements des doigts éteignit rapidement cet espoir.

Dans la maison, un escalier de sept marches menait au demi-étage où se situait son bureau, ainsi que son royaume de couture. Dès le début, j'avais installé des rampes. Elle se tenait à la rampe d'un côté et je l'assurais de l'autre. Un jour cependant, sans me prévenir, elle entreprit de descendre seule. Elle glissa sur l'avant-dernière marche, incapable de se rattraper. Sa main ne serrait plus assez la rampe pour la retenir. Elle chuta lourdement et sa tête heurta violemment un nez de marche, ouvrant une plaie importante sur son cuir chevelu. Devant l'ampleur des saignements, malgré son opposition, j'appelai aussitôt les pompiers qui arrivèrent rapidement. L'un d'eux était un parent d'élève que nous connaissions bien. Elle redoutait ces rencontres qui exposaient son état qu'elle souhaitait cacher aux yeux de tous. Je dus la rassurer longuement, affirmant que les intervenants respectaient la confidentialité de leurs missions. Voyant son inquiétude, le secouriste confirma mes dires. Elle fut conduite aux urgences et je la ramenai à la maison tard dans la nuit, recousue et pansée. Elle refusa les soins infirmiers préconisés pour le suivi de son accident. Je dus moi-même pratiquer les soins, tant bien que mal, pendant plusieurs semaines.

Elle était prise en charge à l'hôpital neurologique de Lyon, où une nouvelle évaluation était effectuée tous les six mois. Les bilans révélaient une dégradation lente, mais inexorable sur plusieurs fronts, que rien ne semblait relier. Pourtant, le diagnostic tant redouté tomba tel un couperet en janvier 2018 : AMS (Atrophie Multi Systématisée) avec syndrome cérébelleux. Ce diagnostic fut livré sans commentaire. Nos maigres questions sur l'évolution prévisible et les conséquences ne reçurent que des réponses floues, ou que nous n'avons pas su interpréter.

Je constatais cependant une dépendance croissante. Pour l'assister davantage, je réduisis progressivement mes engagements. J'étais élu local et membre de diverses associations, ce qui m'amenait à donner des cours sur l'entrepreneuriat et à épauler les chômeurs et les jeunes nourrissant des projets d'entreprise. J'intervenais à Pôle Emploi, dans les Missions locales jeunes, dans des pépinières d'entreprises et des espaces de coworking. Mais devant son besoin croissant d'aide, je me détournai très vite en totalité de ces activités pour devenir son pilier.

À partir de ce moment, sa maladie nous a emmaillotés dans un cocon de solitude, telle la chenille dans sa chrysalide, se suspendant en tissant son enveloppe à la fois protectrice, mais devenant tombeau de son premier état.

Elle refusait de se montrer dans sa condition affaiblie. Mis à part quelques proches comptés sur les doigts de la main, nous avons rompu tous nos liens sociaux et amicaux, jusqu'à ne plus aller au village, de décliner toute invitation et cesser de recevoir. Croiser les habitants que nous connaissions presque tous devenait trop éprouvant.

Pour éviter les regards des autres lors des élections, nous avons même transféré notre lieu de vote dans la bourgade du midi, où nous possédions un logement. Nos relations y étaient plus récentes, et moins nombreuses. Notre appartement se trouvait au deuxième étage, desservi uniquement par un escalier. Monter les marches devint impossible. Nous avons alors trouvé une maison plus adaptée à son handicap, pour pouvoir continuer à profiter de ce havre de paix.

Puis, avec la crise Covid, tous les contacts physiques s'évanouirent, et progressivement les appels téléphoniques aussi. Je dois avouer que je les filtrais au maximum, incapable de répondre à la sempiternelle question : « comment ça va ? », alors qu'elle ne pouvait déjà plus s'exprimer de manière audible. Elle souhaitait que l'on garde d'elle l'image de cette femme gaie, entreprenante et souriante que chacun connaissait.

Je me mis en quête d'informations sur Internet. À cette époque, la documentation était encore rare sur l'AMS, rien n'indiquait clairement le processus inexorable. Peut-être ai-je refusé de voir la réalité, le déni sans doute, dès le début.

Pour plus d'efficacité, en 2020 et 2021, en remplacement de ses séances de soins en libéral, elle effectua cinq séjours d'un à deux mois en hôpital de jour. Ces plateaux techniques de réadaptation se trouvaient loin de chez nous : à Saint-Genis-Laval et à Bourgoin-Jallieu. Trois fois par semaine, je l'emmenais, j'attendais, et trois à quatre heures plus tard, nous rentrions à la maison.

En 2020, ne pouvant plus du tout marcher, elle se déplaçait en fauteuil roulant, mais ne parvenait pas à actionner les roues. L'effort était trop important pour elle. Je devais être présent pour le moindre mouvement. Progressivement, j'avais adapté les lieux : installation d'un monte-escalier électrique, réaménagement de la salle de bain, nouvelles toilettes au demi-étage, poignées, rampes, paliers inclinés pour franchir les seuils trop hauts.

Notre voiture familiale se révéla vite inadaptée. Je cherchai alors un véhicule répondant à ses besoins spécifiques. Le siège passager devait être à une hauteur précise, proche de la porte pour faciliter le transfert avec le fauteuil, aisément réglable et doté d'un appui-tête offrant un bon maintien. Le coffre devait pouvoir accueillir le fauteuil démonté et replié, tout en laissant de la place pour d'autres équipements.

Lors d'un séjour en hôpital de jour, sur un plateau technique de réadaptation, la kiné de service, voyant arriver son fauteuil traditionnel que je poussais, voulut lui faire essayer un fauteuil électrique. L'objectif était de lui rendre de l'autonomie, tout en me libérant de la poussée manuelle. L'essai fut désastreux. Elle ne parvenait pas à contrôler ses doigts pour actionner le joystick ; le fauteuil partait dans tous les sens. L'idée de sa propre conduite du fauteuil fut abandonnée.

Dans notre village du Sud, les sorties en fauteuil, sans craindre le regard des autres, étaient possibles. La municipalité avait scrupuleusement appliqué les obligations de la loi de 2005 sur l'accessibilité des PMR. Tout était parfaitement aménagé. Nous pouvions longer la plage tranquillement et nous installer sur un banc, face à la mer, à contempler l'ondulation des vagues et le ballet des gabians. La salle de cinéma, également accessible aux PMR, n'était distante que de trois cents mètres de chez nous. La bibliothèque se trouvait tout à côté. Les restaurants ou bars les plus proches, ainsi que ceux édifiés pour la saison sur les plages, accueillaient les fauteuils sans une remarque désobligeante ni regard désapprobateur.

Dans l'environnement de notre résidence principale, nous avions renoncé au cinéma. La salle la plus proche nous soumettait à la vue de beaucoup trop de gens connus, et aller plus loin nous contraignait trop. De même, nous avions renoncé aux restaurants. À mots couverts, on nous signifiait que le fauteuil trop encombrant gênait le service, ainsi que les autres clients. Nous n'allions plus dans les magasins pour acheter des vêtements, car les essais dans les cabines s'avéraient très compliqués avec le fauteuil. Là-bas, les commerçants que nous connaissions n'hésitaient pas à nous confier des articles que nous pouvions emporter et essayer à la maison avec beaucoup plus de facilités.

Ainsi, notre vie s'ajustait aux contraintes imposées par la maladie, chaque adaptation marquant une nouvelle étape dans notre combat quotidien.

Sur les conseils du médecin, je me lançai dans le montage d'un dossier MDPH (Maison Départementale des Personnes Handicapées). Rapidement instruit, une assistante sociale vint évaluer le degré GIR (Groupe Iso Ressource), sur la grille AGGIR (Autonomie Gérontologique Groupes Iso Ressource). Cette évaluation détermine le niveau de perte d'autonomie, de 1 à 6, du plus grave au plus faible. Elle fut classée en 2, déclenchant l'APA (Allocation Personnalisée d'Autonomie) ; un soutien à la personne sous la forme d'heures d'assistance fournies par une association. Mais elle refusa catégoriquement que quelqu'un d'autre que moi s'occupe d'elle. Je dirigeai donc ces heures vers l'entretien de la maison, espérant un peu de répit. Les aides à domicile, souvent changeantes et d'efficacité contestable, n'apportèrent que peu de soulagement. De plus, seulement 10 % des heures étaient subventionnées. Néanmoins, ce dossier nous fit bénéficier des cartes CMI (Carte Mobilité Inclusion) pour stationnement, invalidité (besoin d'accompagnant) et priorité (coupe-file). Bien que les ayant toujours sur moi, je n'ai jamais usé de leurs privilèges, par déni du handicap et par fierté de vouloir nous en sortir seuls.

Pour tenter de coordonner les instructions cérébrales qui commandent le mouvement des doigts, deux activités furent envisagées : le tricotage et le jeu de Scrabble qu'elle affectionnait. Les deux activités, bien que distinctes, ont en commun de solliciter simultanément la motricité et la réflexion.

Le tricot demande une synchronisation précise entre le cerveau, et les doigts. En utilisant de grosses aiguilles, la tâche devient plus accessible, sans demander une trop grande précision. Au dire des médecins, cette pratique favorise la motricité ainsi que le renforcement des connexions neuronales liées aux gestes répétitifs.

Parallèlement, le jeu de Scrabble sollicite également le cervelet, mais d'une manière différente. Il combine le mouvement des doigts avec une activité cognitive intense. Placer les lettres sur un plateau physique ou numérique requiert une coordination précise des mains et des doigts, tandis que former des mots et optimiser leur placement stimule le cerveau.

Ainsi, que ce soit par le biais du tricotage ou du Scrabble, chaque tentative visait à renforcer la coordination entre le cerveau et les doigts. La tenue des aiguilles du tricotage développait les mouvements des doigts, tandis que le Scrabble ajoutait une dimension cognitive qui augmentait le défi. Ces approches complémentaires, porteuses d'espoir, ne fournirent malheureusement aucune amélioration ; peut-être ont-elles permis de retarder un peu le processus de dégradation. Au vu des résultats désastreux obtenus avec le tricot, elle abandonna très rapidement. Quant au Scrabble qu'elle pratiquait intensément en ligne avec son Ipad, elle parvenait de plus en plus difficilement à glisser les lettres aux bons emplacements. Les parties se réalisaient alors à deux ; elle pour le côté cognitif qui restait vif, et moi-même pour le côté tactile, remplacé quelquefois par une amie qui venait de temps à autre l'assister. Elle abandonna cependant, lorsque son maintien de tête dépendit d'un bandana attaché à l'appui du fauteuil.

La perte de maîtrise de ses mains fut rapide. L'écriture manuscrite devint illisible, et sur un clavier, elle ne pouvait plus diriger ses doigts vers les touches. Un ami, après un AVC, avait retrouvé l'usage de l'écrit en recopiant des poèmes chaque jour. Inspirée par son exemple, elle tenta de faire de même, mais sans succès. Ses mots devinrent de plus en plus incompréhensibles. Sur son iPad, avec le clavier affiché en grosses lettres, je lui faisais pointer les symboles avec un doigt, mais c'était laborieux. Ma fille trouva un modèle de clavier reproduit sur une feuille, adapté pour la maladie SLA. Cet outil améliora un peu les choses, surtout en format A3 plastifié. Il devint rapidement notre ultime moyen de communication.

La perte de la maîtrise de ses mains entraîna une forte dépendance. Prendre une douche seule devint impossible. Je dus l'assister pour tout : toilette, habillage, coiffure, maquillage. La coiffure et le maquillage furent pour moi un défi, mais je m'adaptai. Nous ne recevions personne, mais elle tenait à rester coquette, pour elle-même et pour moi. Elle ne pouvait plus se brosser les dents ni aller aux toilettes seule. La dernière année, je dus la nourrir à la cuillère et la faire boire avec une paille. Seule l'eau pétillante permettait une déglutition sans trop de difficultés. Vers la fin, je moulinai tous les aliments, car elle éprouvait de grandes difficultés à avaler. La crainte des fausses routes nous hantait.

Dans de rares moments de découragement, j'avoue avoir ressenti une peur panique. Si, soudainement, je me trouvais dans l'incapacité de lui apporter mon aide, tout s'écroulerait pour elle ; j'étais son seul pilier. Que deviendrait-elle ? Je ne disposais pas d'un plan B. Je ne pouvais admettre une telle situation. Je devais tenir coûte que coûte. Aussi, cette faiblesse passagère doublée de cette crainte diffuse disparaissait de mon esprit aussi vite qu'elle apparaissait, tel un éclair dans un ciel gris.

Ainsi, nous naviguions dans ce quotidien de plus en plus contraignant. Chaque geste, chaque adaptation marquait une étape dans notre combat silencieux contre la maladie.

5. L'aide à la recherche médicale

À la fin de 2021, le président de mon club Rotary, connaissant bien notre situation, choisit d'orienter l'action principale du club sur le second axe de notre plan stratégique. Il venait d'apprendre que l'épouse de l'un de nos amis Rotariens était aussi atteinte par une affection neurodégénérative : la SLA. Cet axe, intitulé « prévention et traitement des maladies », entrait en résonance parfaite avec les affections neurodégénératives. Il me demanda de lui indiquer des pistes où nous pourrions offrir notre aide.

Le Rotary International, fort d'un million et demi de membres à travers le monde, s'engage à servir les autres en agissant sur sept axes stratégiques :

- Paix, prévention et résolution des conflits,
- Prévention et traitement des maladies,
- Accès à l'eau potable,
- Santé de la mère et de l'enfant,
- Alphabétisation et éducation, prévention de l'illettrisme,
- Développement économique et local,
- Environnement.

Lors de ma présidence du club, une décennie auparavant, j'avais moi-même, sur cet axe, doté un hôpital local de lits médicalisés surbaissés destinés à une unité accueillant des patients souffrants d'Alzheimer.

Profitant d'un rendez-vous à l'hôpital neurologique de Lyon pour le suivi de mon épouse, j'interrogeai la professeure qui la suivait, sur des pistes potentielles d'aide. Elle me suggéra quelques orientations et je m'arrêtai sur la recherche médicale, un domaine notoirement sous-financé par les fonds publics. Trois jours plus tard, son secrétariat m'appela pour me fournir les coordonnées de la fondation régionale Neurodis, qui soutient les chercheurs dans leurs quêtes sur les maladies neurologiques.

Lors des vœux Rotariens de 2022, ne pouvant être présent avec Brigitte à la cérémonie traditionnelle, j'avais enregistré une vidéo de quatre minutes. J'y expliquai brièvement notre situation, exprimai mon attachement à nos actions Rotariennes et adressai nos meilleurs vœux à toutes et à tous. On me rapporta qu'à la fin de la diffusion, certains, les yeux humides, applaudirent longuement. L'amitié Rotarienne n'est pas un vain mot.

Notre président de l'année, informé de mes contacts avec Neurodis et mis dans la boucle, attribua une enveloppe de vingt mille euros à la cause. Ce montant, ajouté aux trente mille euros de la fondation, permit de financer un important projet de recherche sur les maladies neurodégénératives. Cet appel à projets fut remporté par un jeune chercheur régional. Bien que rémunérés par l'État, ils ne disposent pas des budgets suffisants pour mener à bien leurs travaux. Les recherches nécessitent des moyens importants, tant en équipes, qu'en matériels souvent indisponibles en France. Les financements privés permettent de combler ces insuffisances. Bien que modestes au regard des besoins, ces apports permettent d'aller au bout d'une idée, d'une intuition, souvent récompensée par l'intérêt soudain de grands organismes intéressés par une nouvelle piste prometteuse, mise en évidence.

6. Hospitalisation

Son état se dégrada brusquement fin avril 2022. Un matin, après une nuit difficile, je remarquai qu'elle présentait une forte fièvre et que son état général était plus atone que d'habitude. J'appelai le 15 sans hésiter. À la suite de mes explications, une ambulance du SAMU arriva très rapidement et l'emmena aux urgences de l'hôpital le plus proche, où elle fut hospitalisée pendant quelques jours afin de traiter une infection sérieuse. Puis, à ma demande et en accord avec la professeure qui la suivait à l'hôpital neurologique de Lyon, elle fut transférée dans son unité pendant trois semaines. Je m'y rendais tous les jours en tout début d'après-midi. Je restais le soir pour lui donner son repas, malgré l'insistance des infirmières. Elles me répétaient que ce n'était pas mon rôle. Je devais profiter de cette prise en charge pour souffler un peu.

Dès la seconde semaine, l'assistante sociale du service voulut s'entretenir avec moi seul. Son discours fut sans appel. Compte tenu de l'état avancé de la maladie, je ne pouvais pas la reprendre seul à la maison. Par une décision de l'équipe médicale, elle était chargée de trouver très rapidement un établissement de soins, appelé USLD (Unité de Soins de Longue Durée). Elle m'interrogea sur mes préférences géographiques et lança un dossier par une application nommée Via-trajectoire. Ces centres USLD sont la plupart du temps des services spécialisés intégrés dans les EHPAD ou des hôpitaux. En peu de temps, les centres ciblés donnèrent des réponses ; négatives pour la plupart compte tenu du diagnostic, et pour les autres, la demande se trouvait en file d'attente par manque de places. Rien n'était possible rapidement.

Le mercredi de la troisième semaine de son hospitalisation, la professeure qui la suivait, me demanda de venir la rejoindre. Entourée des internes à la mine grave, son discours fut direct. Il résonne encore dans mon esprit :

« Son état de santé est très dégradé et ça va continuer à se détériorer de plus en plus vite. Pour la nourrir, la perforation de son estomac s'impose. Pour l'aider à respirer, la pose d'un appareil respiratoire devient nécessaire. Vous savez, je ne suis pas pour un acharnement thérapeutique qui ne sert à rien. À quoi bon la prolonger quelques jours ? On a posé le diagnostic début 2018, et elle avait déjà des problèmes avant. L'espérance de vie avec une AMS est de trois à cinq ans. Nous sommes en 2022. »

Pour la première fois, j'entendais brutalement parler de l'échéance. Le ton était sévère et implacable, sans émotion particulière : un énoncé glacial, un compte rendu court et technique. Le discours ne ressemblait plus à celui entendu quelques mois auparavant : « évolution lente de l'ataxie cérébelleuse. » Le processus s'était-il emballé ou a-t-on délibérément voulu nous dissimuler la gravité de la situation le plus longtemps possible ? Je ne recevrai jamais de réponse à cette interrogation, et qu'importe d'ailleurs, à l'heure où j'écris ces lignes, ma colère est retombée. Puis vint la question que je redoutais par-dessus tout, adressée à moi, la personne de confiance, notée dans le dossier médical.

« Que fait-on ? »

Je me retrouvais tétanisé, défait, effondré, désorienté, les larmes aux yeux ; que répondre ? L'exposé entendu suggérait la seule réponse raisonnable. Je réussis à dire seulement dans un murmure :

« Je pense que vous êtes dans le vrai.

Elle ajouta :

– Bien, on va organiser une HAD (hospitalisation à domicile) pour la fin de la semaine, mais vous savez, ce ne sera que du palliatif ».

Elle annonçait les mauvaises nouvelles au quotidien, mais moi, je ne parvenais pas à me ressaisir. Pourtant, je devais surmonter mes émotions, car je retournais dans sa chambre.

Cinq minutes plus tard, je réussis à mettre en évidence le côté positif du négatif. J'entrai dans la chambre, la mine recomposée, et lui annonçai une bonne nouvelle : elle revenait à la maison. Elle ne l'espérait plus, elle s'imaginait déjà être transférée en USLD, éloignée de tout. Bien entendu, rien de ce qui avait été dit précédemment par la professeure ne fut évoqué entre nous. C'était la première fois que je lui cachais quelque chose ! Et c'était bien lourd à porter seul.

Le soir, effondré en rentrant à la maison, j'appelai quelques amis très proches qui attendaient des nouvelles. Je ne pus maîtriser mes émotions. En pleurs, je les informai de l'entretien que j'avais eu à l'hôpital. La nuit fut courte, peuplée de cauchemars.

Au petit matin, je m'employai à préparer la chambre où allait être installé le matériel de l'HAD.

Tout fut livré le lendemain : lit médicalisé avec matelas gonflable, appareils de manutention, chaise de douche et toilettes, fauteuil roulant ergonomique. La coordinatrice de l'HAD vint vérifier l'installation et apporter le petit matériel complémentaire et les médicaments de confort. L'une des infirmières locales vint aussi. Elles étaient intégrées à l'équipe de l'HAD et chargées des soins quotidiens. Ce que mon épouse avait refusé jusqu'à présent lui était désormais imposé.

Je fus agréablement surpris par cette mobilisation. Je ne m'étais occupé de rien, l'équipe médicale de l'hôpital neurologique avait tout organisé.

Elle arriva en ambulance le vendredi 27 mai en début d'après-midi comme prévu, en même temps que les infirmières qui la rassurèrent et prirent soin d'elle avec beaucoup d'attention et de gentillesse. Elles me donnèrent les consignes pour assurer le suivi, ainsi qu'un numéro de téléphone à utiliser en cas d'urgence, disponible jour et nuit. D'une certaine manière, je poursuivais mon rôle d'aidant, mais je n'étais plus seul. J'étais intégré à l'équipe médicale ; au rapport chaque matin et soir lors de la venue de l'infirmière.

Avant son hospitalisation, le soir à la maison, nous avions l'habitude de regarder la télé ensemble, les infos de la soirée, suivies d'émissions variées. Elle adorait regarder les programmes tels que « The voice », « Kolanta », « Fort boyard », mais aussi des documentaires historiques ou de vieux films ; sa seule distraction. Je la calais dans un angle de la banquette et m'installais à côté d'elle. Le contact physique la rassurait. Je lisais pendant qu'elle regardait ses émissions. Venait ensuite le cérémonial du coucher. Il commençait par le démaquillage. Ensuite venait l'extraction de la banquette, suivie du transfert sur le fauteuil. Le passage aux toilettes marquait une autre étape, puis le positionnement sur le monte-escalier. Une fois arrivé en haut, s'ensuivait la réception, le transfert dans la chambre toute proche, et la préparation pour la nuit. Venait enfin, le transfert dans le lit.

Lorsque l'HAD fut en place, le soir, je devais lui faire prendre son repas avant l'arrivée de l'infirmière. Puis, elle et moi, nous l'installions dans son lit. Le premier soir, sitôt l'infirmière partie, elle voulut se relever pour revenir au salon. Je dus la persuader que ce n'était pas raisonnable, d'autant plus qu'elle était perfusée pour la nuit. Mon refus la contraria fortement, mais j'avais anticipé. Le lit médicalisé permettait de la mettre en position d'assise confortable. Je lui installais un ordinateur portable sur une tablette réglable que je venais de recevoir. Grâce à cela, elle put regarder ses émissions préférées pendant que je lisais à côté d'elle ou dans la chambre attenante où je m'étais installé. Sur un montant du lit médicalisé, j'avais installé un bouton-poussoir qui lui permettait de déclencher une sonnerie placée à côté de moi. Ainsi, elle pouvait m'appeler à n'importe quel moment de la nuit. Les demandes étaient nombreuses : l'angoisse, le besoin de changer de position, les couvertures...

Au matin, l'infirmière s'occupait d'elle pour la lever, lui donner la douche, et l'habiller. Puis je l'aidais pour le transfert jusqu'au salon et la mise en place sur la banquette. Il me restait à réaliser la coiffure et le maquillage. Je complétais l'installation avec une tablette réglable adaptée afin qu'elle puisse tout avoir à sa disposition. Ainsi, les mots croisés, les magazines, les livres étaient accessibles. Cependant, tourner les pages devint rapidement un énorme défi.

J'utilisais désormais un lève-personne électrique qui m'apportait un vrai soulagement du dos. Ce matériel très utile, cependant encombrant, ne permettait pas de circuler n'importe où. Sa structure avant nécessitait une certaine hauteur entre le sol et la base du fauteuil pour se glisser dessous.

Je dus rapidement faire face à un autre problème. Les muscles de son cou se relâchaient, entraînant la chute de la tête sur la poitrine. Je dus réaliser une autre installation à l'aide d'un support arrière et d'un foulard posé tel un bandana sur le front afin de maintenir sa tête en bonne position. Ce système me servit aussi pour lui donner ses repas et l'hydrater plus aisément, car tenir la tête d'une main et la cuillère de l'autre se révélait une tâche bien difficile.

La vie continua au rythme du passage du personnel soignant et des trois amies qui se relayaient quelques heures, un jour par semaine, pour lui tenir compagnie lorsque je devais m'absenter pour faire fonctionner la maison. Mon esprit avait chassé les paroles entendues à l'hôpital. Je pensais que cette formule d'HAD allait durer longtemps. J'avais même avancé l'idée d'aller passer quelques semaines en septembre dans notre maison du Midi. Les intervenants de l'HAD étaient d'accord pour réaliser un transfert de compétences à Arles. L'équipe de soignants me laissa délirer sur cette idée qui réconfortait Brigitte, mais tous savaient bien que le temps était compté et que ce rêve demeurait irréalisable. J'étais dans le déni, car la maladie progressait sournoisement et rapidement. La station assise sur la banquette du salon devenait impossible, elle basculait à droite ou à gauche. Je devais la caler avec un grand coussin à microbilles conçu pour pouvoir réaliser une sorte de coquille enveloppante.

Le mardi 19 juillet, je la trouvai fatiguée plus que d'habitude et le signalai au médecin. Il l'ausculta sommairement et à l'écart, me parla de la maladie et de son caractère irréversible. Les poumons et les bronches s'affaiblissaient très vite. Il allait demander une mise sous oxygène pour un meilleur confort. Je compris que plus rien ne pouvait être tenté. Ces paroles confirmaient les propos entendus, à peine deux mois auparavant à l'hôpital neurologique. Grâce à l'appareil à oxygène, elle retrouva un peu de tonicité et réussit à esquisser laborieusement quelques mots en pointant les symboles et les lettres sur la feuille A3.

Le vendredi 22 juillet au matin, comme à l'accoutumée, elle prit difficilement le petit déjeuner que je lui apportai au lit. Ce n'était qu'un peu de jus de fruits et un yaourt, présentés à sa bouche à l'aide d'une cuillère. L'infirmière, arrivée peu après, voyant son état de faiblesse extrême, décida de ne pas la lever. Malgré l'assistance de l'appareil, le taux d'oxygénation de son sang restait trop bas. Après le départ de la soignante, elle me fit un signe imperceptible qui me demandait de rester à son chevet et de lui tenir la main. Apaisée, elle ferma les yeux. Je tentai de la réveiller doucement pour le repas de midi, mais elle ne réagit pas. Elle paraissait sereine, respirait faiblement, mais était sans doute inconsciente. J'appelai l'amie qui devait lui tenir compagnie quelques heures l'après-midi, le temps de mon absence. Je lui demandai de renoncer compte tenu de son état, ayant moi-même tout annulé. Elle vint néanmoins. Elle ne voulait pas me laisser seul face à la situation que je lui décrivais. Vers quinze heures, tout doucement, son cœur cessa de battre.

C'était fini. À soixante-treize ans et un mois, la Dame de Pérouges, comme on l'appelait là-bas, venait de tirer sa dernière révérence. Après une lutte acharnée de dix ans, elle quittait notre monde. Elle rejoignait, dans l'au-delà, les personnages qui déambulaient autrefois dans les rues de la cité médiévale, qui l'avaient tant passionnée.

Nous étions le 22/7/22. Plus tard, j'appris qu'en numérologie, le nombre 22 est un symbole de la réalisation de grands objectifs, de l'intuition et de la vision. Le chiffre 7, quant à lui, évoque la spiritualité et la sagesse intérieure. Devrais-je voir dans l'association des chiffres et ces croyances, sa décision sereine et en conscience, de quitter ce monde pour m'affranchir du poids qu'elle pensait faire peser sur mes épaules ? Si tel est le cas, cela témoigne à mon égard, d'un amour qui ne connaissait ni frontières ni limites, un amour total, éternel et indéfectible, l'expression ultime de l'altruisme et de la bienveillance.

7. Le grand silence

Tout se figea dans la maison, laissant place à un immense vide et à un grand silence seulement brisé par mes appels téléphoniques étouffés aux enfants, à la famille et aux amis proches. Dès mes appels, mes filles arrivèrent. Mon fils, quant à lui, me parla longuement au téléphone. La famille de Paris interrompit ses vacances pour venir me soutenir. Nous étions tous désemparés devant cet abysse qui venait de s'ouvrir. Pour moi, les ténèbres s'installaient, mon soleil avait disparu. La situation de fin de semaine imposait cependant de réagir rapidement : trouver une chambre funéraire, et envisager les funérailles. La soirée s'étira en longueur et la nuit fut bien courte.

Le lendemain, le lieu de la cérémonie s'imposa à nous : l'église de Pérouges, son village de cœur. La date fut arrêtée pour le 29 juillet avec le diacre qui remplaçait le prêtre atteint par la Covid. Je le connaissais ce diacre. Lui aussi avait perdu son épouse quatre ans auparavant. Il était le frère d'un ancien voisin avec qui je courais bien des années auparavant. Il me fut d'un grand réconfort. J'appelai aussi d'autres amis de Pérouges. Le maire, le metteur en scène des Médiévales, et la présidente de l'OMF furent parmi les premiers. Cette dernière avait repris l'association après la démission de Brigitte. J'appelai également le patron du Relais-de-la-Tour, le restaurant situé sur la place. Je lui demandai d'organiser un pot mémoriel pour cent cinquante personnes. Enfin, je contactai un chanteur lyrique de l'opéra.

En peu de mots, tous m'assurèrent qu'ils allaient rendre un hommage fort à celle qui avait contribué à la renommée de la cité.

En attendant la cérémonie, mes nuits devinrent des cauchemars. Mes journées, interminables, semblaient s'étirer sans fin. Elles étaient rythmées par les visites à la chambre funéraire et les appels téléphoniques. Je passais aussi du temps à lire et répondre aux messages de soutien. Les préparatifs de la célébration occupaient une autre part de mon quotidien. Enfin, je faisais face aussi aux tristes apparitions d'amis compatissants. Bien qu'entouré de mes proches, je me sentais oppressé par ces journées vidées de sens, dans lesquelles tout repère semblait avoir disparu. Ces jours n'étaient que l'antichambre d'un abîme sans fond, que je pressentais s'ouvrir sous mes pieds.

Le jour des obsèques, tous répondirent à l'appel. La magnifique église de Pérouges accueillit autant de monde que lors des gospels que nous organisions. La famille et les amis étaient venus de loin. Mes amis Rotariens, venus en nombre, me soutenaient discrètement par leurs pensées et leurs regards. Des bénévoles de l'OMF, habillés de leurs somptueux habits médiévaux, érigèrent une haie d'honneur sur les marches de l'église. Le chanteur à l'opéra et sa compagne sublimèrent la cérémonie par leurs chants lyriques. Les prises de parole, dont celle de ma fille aînée, remuèrent bien des cœurs et firent couler bien des larmes. Le patron du Relais-de-la-Tour, avec son pot mémoriel sur la place, fut formidable. Mon ami galetier, de son côté, avait cuit vingt-cinq galettes de Pérouges destinées à la famille et aux très proches amis. Ils venaient ensuite se retrouver à la maison pour partager un verre de Cerdon, la boisson locale servie lors de chaque manifestation dans la cité.

Elle fut inhumée dans la tombe familiale, face à la cité de Pérouges installée fièrement sur sa colline. Sa sépulture fut submergée par un océan de fleurs. Ces bouquets honoraient celle qui aimait tant s'occuper de ses fleurs, avec lesquelles elle confectionnait de magnifiques bouquets chatoyants et odorants.

Pour nos filles, elle fut la maman idéale. Mes enfants aînés dont elle n'était pas la mère, mais qu'elle aimait comme ses propres enfants l'ont avec le temps, j'en suis certain, beaucoup appréciée.

Elle a été ma plus belle rencontre, ma lumière, mon soleil, celle qui m'a soutenu dans les moments difficiles, qui a donné du sens à ma vie. Elle a été une compagne sur laquelle je pouvais m'appuyer, échanger, partager, qui savait évoluer, qui savait me tempérer. Elle m'a fait apprécier la peinture, la musique, ses écrivains fétiches tels Chateaubriand, ses poètes tels Lamartine, et tant d'autres choses qui manquaient tant à l'inculte que j'étais. Je me pose une question : et moi lui ai-je apporté autant que ce qu'elle m'a donné ?

Nous avons tout partagé pendant notre vie commune, dans un amour découvert tardivement, réciproque, sans faille et tellement puissant ! Nous avions répondu « *oui* » au maire quarante ans plus tôt, devant deux témoins seulement. Dans les mots du discours de l'officier d'état civil, « *pour le meilleur et pour le pire* », nous ne pensions qu'au meilleur. Trente ans plus tard, nous glissions doucement vers le pire, presque sans nous en apercevoir. Ensuite, en tant qu'élu et en ma qualité d'officier d'état civil, lorsque je mariais des couples à la mairie, au vu des ennuis de santé qui progressaient, je prononçais cette phrase rituelle avec appréhension.

Une autre question m'a longtemps taraudé l'esprit. Lors de mon dernier entretien à l'hôpital neurologique, ai-je bien répondu à la question sur la suite à donner ? Aurait-on pu prolonger sa vie en mettant en œuvre tout un appareillage ? Aurait-elle été d'accord ? Ensemble, avant sa maladie, nous avions parlé d'acharnement thérapeutique au sujet d'autres personnes. Nous y étions tous deux opposés. Mais quand on est soi-même concerné, a-t-on la même certitude ? Mes amis médecins m'affirment que c'était la meilleure décision. J'ai longtemps culpabilisé sur ce sujet, mais mes doutes se dissipent dans la succession des jours.

L'épouse de l'ami Rotarien, emportée par la SLA six mois après mon épouse, de par sa profession, connaissait très bien la maladie et ses conséquences. En connaissance de cause, elle avait demandé de bénéficier de l'application de la loi Leonetti de 2005 sur la fin de vie. Le protocole de sédation profonde lui a été appliqué au stade où en était Brigitte.

J'en ai tiré un enseignement pour moi-même, mes dernières volontés sont rédigées.

8. Le jour d'après.

Lorsque tout le monde fut parti, le lendemain de la cérémonie, je fus plongé dans un désarroi profond. Le présent, marqué par l'absence, devint soudainement écrasant. J'avais l'impression de pénétrer dans un tunnel interminable, d'une noirceur totale, sans la moindre lumière au bout pour espérer en sortir. Un silence de plomb envahit la maison, où résonnait en écho ce vide insupportable. Tout s'effondrait brusquement autour de moi. Bien que je connaissais cette issue inéluctable, le déni, dans lequel je m'étais maintenu inconsciemment, me frappa telle une massue. La réalité de sa perte, maintenant actée et écrasante, me laissait face à une douleur brute et cruelle.

Pour moi, la vie semblait avoir pris fin ; je n'avais plus de raison d'exister. Les jours tristes et sombres qui s'enchaînaient me plongeaient dans une profonde mélancolie. Après une période de mobilisation constante, je me retrouvais dans un état de désœuvrement total, vidé de toute énergie et de tout espoir. L'envie de voir les autres m'avait quitté ; chaque mention de notre vie passée me brisait. Reprendre mes anciennes activités ne m'intéressait plus. Le seul lien social qui me retenait par son fil ténu était celui du Rotary, duquel je n'avais pas officiellement démissionné ; j'étais en disponibilité, maintenant quelques contacts sporadiques par téléphone et messagerie.

Quelques jours après la cérémonie, alors que je me rendais au centre médical pour régler des formalités administratives liées au décès, un ami médecin, également Rotarien, m'aperçut. Inquiet de me voir dans cet état de délabrement, il me prescrivit un traitement pour m'aider à retrouver le sommeil que j'avais perdu depuis longtemps. Je pris conscience de l'étendue de ma déchéance : non seulement le sommeil m'avait fui, mais j'avais également perdu beaucoup de poids, et je me trouvais dans un état d'épuisement extrême. Cette rencontre fortuite avec cet ami bienveillant marqua le début d'une prise de conscience, un premier pas vers une lente et difficile reconstruction de mon physique puis de ma psyché.

Je me retrouvai seul dans cette maison silencieuse, que je percevais comme sombre malgré la lumière abondante diffusée par les grandes baies vitrées. Mon soleil, sa présence, me manquait cruellement. Tout semblait figé, froid, et chaque objet évoquait la vie d'avant. Je n'osais rien toucher, paralysé par une peur irrationnelle, de déclencher je ne sais quoi. Les traces laissées sur les murs et les huisseries par le fauteuil roulant et le matériel de manutention me rappelaient les moments douloureux, mais aussi cette présence qui me manquait tellement maintenant.

Heureusement, nos filles, sans doute plus lucides que moi, s'étaient employées à vider les placards, la penderie et la salle de bain. Elles avaient enlevé de ma vue, le plus grand nombre d'objets, qui rappelaient les moments difficiles. Constater ces grands vides me fut douloureux. Alors, je les comblai rapidement en y étalant mes propres affaires. Pourtant, un sentiment d'abandon me submergeait, comme si je la chassais de la maison.

Certains me conseillèrent de réagencer les meubles et de changer la décoration, mais je ne pus m'y résoudre. À ce jour, deux ans plus tard, rien n'a changé. C'était elle qui avait choisi la décoration et l'agencement des pièces. Modifier quoi que ce soit, ce serait la faire disparaître définitivement de son lieu de vie.

Le rappel le plus douloureux trônait constamment sous mes yeux : le monte-escalier, installé deux ans plus tôt, permettant la communication entre les deux demi-niveaux de la maison. Ce fut le premier acte de changement qui déclencha en moi une immense violence, une lutte intérieure intense, mais qui m'obligea à reprendre les rênes du logis et à me réapproprier mes outils, délaissés depuis longtemps. La dépose de cet appareillage, suivie de la réparation des marches endommagées par un installateur peu soigneux, me demanda plusieurs jours de labeur. Ce travail accompli, je me lançai dans l'élimination des poignées, des rampes, et des plateformes de sol. Tous ces aménagements lui avaient permis de se déplacer avec un minimum de risques à l'aide de ses déambulateurs, à l'époque où elle pouvait encore tenir debout. Ces gestes, bien qu'éprouvants, étaient un exorcisme nécessaire, un moyen de transformer la maison en un espace de guérison plutôt qu'un lieu de souvenirs accablants.

Quant à la pièce, transformée en chambre d'hôpital, elle demeura longtemps vide, comme figée dans les profondeurs du temps, empreinte des souvenirs poignants de sa dernière occupation. Ce n'est qu'un an et demi plus tard, après de nombreux serrements au cœur, que je parvins enfin à la rénover et à la réintégrer dans mon quotidien. Tous les travaux pour remettre en ordre cette pièce devenaient une gomme, effaçant ce passé douloureux si récent : le ponçage du parquet, l'application d'une nouvelle couleur sur les murs, le réaménagement. La page souillée devint blanche, puis fut transformée en une feuille nouvelle, qui pouvait retrouver des souvenirs apaisés. Cette transformation, bien qu'empreinte de douleur, fut nécessaire pour redonner son intégrité à la demeure et à moi-même, telle une forme de paix intérieure.

La reprise en main de l'extérieur, un an plus tard, me causa moins de troubles. Je dus cependant me forcer à entreprendre quelques lourds travaux de jardinage que je considérais comme une trahison vis-à-vis d'elle. Je caressais le but de simplifier les multiples tâches qu'entraînaient toutes ces décorations florales extérieures qu'elle affectionnait tant. Les massifs floraux, les arbustes d'ornement, les plantes en pots et les jardinières sur les fenêtres nécessitaient une attention permanente. Nombre de massifs furent éliminés et recouverts en herbe. Les arbustes d'ornement en pots furent replantés en pleine terre et les jardinières supprimées. Le terrain ainsi aménagé me permit de mettre en place un robot tondeuse électrique, en remplacement de mon auto-portée pétaradante, dont je ne supportais plus le bruit. Tous les bruits étaient devenus une souffrance ; je les considérais comme un écran qui couvrait ses murmures. Même deux ans plus tard, je n'écoute toujours pas de musique ni ne regarde d'émissions à la télé. J'accepte seulement la radio dans la voiture.

9. Déclic

Fin août 2022, un mois après le décès, j'étais toujours dans un état de grande sidération. Je ne parlais plus et ne voulais voir personne. J'étais en colère contre tout le monde et notamment contre le corps médical impuissant, mais aussi beaucoup contre moi-même, par le sentiment de ne pas avoir tenu mon rôle convenablement.

Ma fille aînée vint me voir comme à son habitude. Elle était accompagnée de son plus jeune fils, âgé de dix-huit ans. Il terminait un apprentissage et venait d'être reconnu meilleur apprenti dans son domaine d'activité. Je le félicitai chaleureusement et lui déclarai que, bien que n'ayant pas été brillant dans ses études générales, il avait parfaitement réussi grâce à une heureuse rencontre avec quelqu'un de ce métier. Je poursuivis mon propos en lui expliquant que dans la vie, le dialogue avec les autres était important. Il créait des opportunités qu'un esprit curieux pouvait identifier pour en tirer parti. Je lui racontai alors quelques anecdotes sur des personnes qui avaient influencé ma vie. Sans m'en rendre compte, je m'étais remis à parler et pendant une heure il m'écouta attentivement sans m'interrompre.

Soudain, je pris conscience que je devais profondément l'ennuyer avec mon récit ; je lui en fis part. Sa réponse, exprimée avec un regard illuminé de sincérité, me déconcerta.

« Mais papy, c'est fabuleux ce que tu racontes, continue, j'ai envie d'en savoir plus, personne ne sait rien sur toi, tu devrais écrire un livre ! »

Dès lors, sa phrase ne quitta plus mon esprit. Il avait raison, seule mon épouse connaissait tout de moi, mais tout dire à tout le monde me semblait une violation profonde de mon être. D'un naturel très pudique sur mes sentiments, avouer mes faiblesses et mes échecs n'était pas dans ma nature. Avouer à tous que j'avais dû commencer à travailler très tôt sans avoir suivi de grandes études m'apparaissait insupportable. C'était une tache à dissimuler. Je m'étais battu toute ma vie, dans ma carrière professionnelle, pour occulter ce manque. J'en avais développé « le syndrome de l'imposteur ». Je cultivais le sentiment de ne pas être à ma place lorsque je me trouvais à la tête d'équipes composées de personnes qui se faisaient plaisir d'étaler leurs diplômes.

Pourtant, je me fis violence et commençai la rédaction d'une autobiographie dès septembre, sans tabou. Écrire certains passages déclencha en moi de grandes tempêtes, et m'arracha beaucoup de larmes lorsque je fis ressurgir des souvenirs enfouis profondément. Cependant, toujours fidèle à ma ligne de vie, forgée par l'éducation chrétienne et campagnarde reçue enfant, je ne voulus rien déformer. Je devais relater la vérité, toute la vérité, rien que la vérité, même si celle-ci me paraissait difficile à dévoiler.

Ainsi, de jour en jour, je couchais sur le papier des mots qui me libérèrent peu à peu de la rage et de la peur que je contenais depuis longtemps. Je pris lentement conscience que l'écriture devenait pour moi une bouée de sauvetage, un apaisement, une rédemption, une compagne. Étonné, je constatais aussi qu'après l'avoir écrit, tout ce que j'avais jadis enfermé comme un secret, ne l'était pas du tout. J'avais cadenassé ces sentiments dans des boites, à l'abri des regards, par peur des jugements d'autrui du moment. Ce texte devint ma catharsis, me permettant de me libérer de mes tensions enfouies.

En septembre, maintenant seul, je revins dans les rues de mon village après en avoir été absent pendant des années, bien qu'y résident toujours. Aller dans les commerces et rencontrer des personnes que je connaissais provoqua en moi des vagues d'émotions incontrôlables. Ces personnes, qui pourtant exprimaient une gentillesse extrême à mon égard, ne se doutaient pas de la tempête que provoquait en moi l'évocation de notre vie d'avant. Épuisé, je renonçai et m'enfermai dans ma solitude avec ma nouvelle compagne, la seule qui pouvait tout accepter sans regard, sans jugement, sans complaisance et sans paroles : l'écriture.

Fin octobre, je me fis à nouveau violence en acceptant de participer à une cousinade. Le fait d'arriver seul, ce retour dans la famille fut un moment difficile à surmonter. Cependant, malgré des moments de profonde tristesse, cela reste, avec du recul, la première marche franchie sur l'escalier de mon retour à la vie parmi la société humaine. Ensuite, avec beaucoup d'appréhension, je partis vers notre maison du Sud. Mais, contrairement à mes craintes, ce cocon plus petit et moins chargé de souvenirs ne m'assaillit pas. Au contraire, il me tendait les bras, il m'accueillait chaleureusement sans poser de questions. Dans cette Camargue dont nous partagions l'amour, je repris goût à la marche et au vélo. Je découvris que ces longues balades dans ces endroits sauvages m'apaisaient.

Durant de longs mois après la disparition de mon épouse, malgré l'insistance de mes amis, je ne parvins pas à réintégrer mon club Rotary, la seule communauté avec laquelle j'avais gardé un lien. Je ne supportais pas la foule ni les questions. Le retour dramatique parmi les habitants du village m'avait traumatisé.

La cheville ouvrière de la fondation Neurodis, une jeune maman de deux enfants, me rappelait ma dernière fille en raison de son âge et de son acuité. Elle avait sans doute deviné mon état d'esprit, car elle prenait régulièrement de mes nouvelles. Elle faisait preuve d'une grande empathie, tout en restant très positive. En novembre 2022, elle organisa une rencontre-conférence de notre club Rotary avec un éminent professeur neurologue, sur le thème des maladies neurodégénératives.

Ayant été l'initiateur entre la fondation et le club, je ne pouvais en aucun cas être absent à cette réunion. Ce fut pour moi le déclencheur de mon retour au Rotary, après trois ans d'absence. Je me retrouvai plongé dans une assemblée d'environ cinquante personnes, qui m'auraient fait fuir quelques mois plus tôt. Bien que fébrile, je réussis cependant à prendre la parole et à décrire en quelques minutes, ces années de galères que nous avions traversées, mon épouse et moi-même. Les émotions qui m'assaillaient m'obligèrent à écourter mon propos. J'eus le sentiment d'avoir été très mauvais, mais avec tout de même une petite victoire. J'avais un peu renoué avec la foule, en franchissant une nouvelle marche sur l'escalier de mon retour.

L'écriture de mon autobiographie, un livre intitulé « *Souvenirs* » en format A5 de deux cent dix pages fut terminée en décembre 2022. Imprimé en « auto-édition », ce premier ouvrage fut distribué à la famille proche, pour Noël, avec cependant quelques hésitations, tant j'avais la sensation de me mettre à nu. Je racontais toute ma vie ; le côté personnel, le côté sentimental et le côté professionnel. J'ai fait ressurgir des images de mon passé d'enfance dans la ferme familiale, sans eau courante, sans toilettes intérieures, au milieu des vaches, bœufs, cochons, chèvres, lapins et volailles.

J'ai décrit les grandes difficultés de ce milieu qui sortait tout juste de la guerre à ma naissance, sa lente évolution et le déclin inexorable de ce monde de petits paysans. J'en avais perçu le danger dès l'âge de dix – douze ans. Je m'étais promis de m'en échapper. Malheureusement, compte tenu des trop faibles ressources de la petite ferme, la poursuite d'études supérieures demeurait impossible. J'ai évoqué ma rencontre avec un ancien professeur, lequel, me prenant sous son aile, me donnait des cours extrascolaires et me faisait découvrir des matières que j'ignorais. J'ai raconté mes petits boulots, mes débuts de vie professionnelle, rendus possibles par des cours par correspondance que je suivais lorsque j'effectuais mon service militaire. Cette période obligatoire à l'époque, pour laquelle j'avais devancé la date d'incorporation, me donnait plus de chances de trouver une issue à mon rêve de fuite de ce milieu qui m'attirait vers le fond.

J'avais estimé que cette formation, dans un secteur nouveau, pour lequel aucun enseignement officiel n'existait, me permettrait de trouver l'issue que je cherchais. Ce fut une excellente décision, le secteur ciblé, celui de l'informatique tout juste émergente de la mécanographie offrait des opportunités immenses à ceux qui osaient se lancer. Dans le cadre de ces cours, je découvris Paris pour la première fois, en juin 1968. La ville pensait ses plaies ouvertes par les manifestations violentes et les barricades. Puis, en très peu de temps, début 1969, le petit paysan que j'étais se retrouva à Lyon, découvrant la vie urbaine et travaillant dans un bureau pour une grande entreprise industrielle. C'était le début d'une grande aventure qui ouvrait un infini champ des possibles.

Ce fut alors un premier mariage trop précipité, la construction d'une famille avec deux enfants, une fille et un garçon, et d'une carrière menée tambour battant. S'en suivit un grand déchirement sentimental douze ans plus tard suivi d'un divorce. Ce fut la première grande tempête de ma vie. Je me relevais malgré tout et repartais avec Brigitte, celle qui fut mon épouse pendant quarante ans et me donna deux filles. Relancé dans la vie, je rebâtis une nouvelle carrière qui me permit de mener à bien des projets passionnants.

Je terminai l'ouvrage, en réalisant une petite investigation généalogique sur quatre générations seulement. Le parcours glorieux de mon grand-père paternel, un poilu de 1914, paysan de son état, dont personne n'avait jamais parlé, m'apparut au cours de ces recherches. Ce fut pour moi la révélation des immenses possibilités qu'offrait le net dans l'exploration du passé.

Quelques dizaines d'années auparavant, j'avais récupéré in extremis un carton empli de vieux actes que mes parents allaient jeter, les jugeant encombrants et sans valeur. Ce fut ma première rencontre avec d'anciens manuscrits papier. Je les mis dans un endroit sûr et les oubliai. Je m'en souvins lors de la rédaction de mon autobiographie. Grâce à eux, j'ai commencé à m'immerger dans cet univers passionnant de la généalogie puis fait mes premiers pas dans la lecture d'anciens manuscrits.

Alors que je craignais de contrarier certaines personnes, la lecture de ce petit livre dans le cercle familial très fermé passionna les enfants, petits-enfants, neveux et nièces. J'avais tout faux, je ne blessais personne et au contraire, c'était moi, l'éclopé, qui commençait à guérir grâce à cette écriture.

À la demande générale, je m'assignai alors un nouveau projet : construire un arbre généalogique plus complet. Pour cela, je devais lancer des recherches sur le nom de famille et retrouver nos ancêtres. Quelques belles trouvailles sur le net me persuadèrent que je pouvais atteindre cet objectif sans quitter mon bureau. Je m'équipai alors de trois logiciels de généalogie se complétant les uns les autres. J'appris à fouiller dans les registres d'état civil, ainsi que dans beaucoup d'autres bases de données disponibles en ligne, et m'engouffrai dans le vaste labyrinthe des hommes et des femmes du passé.

En quelques mois, mon arbre grimpa jusqu'à huit générations et je découvris des branches familiales totalement inconnues. Plus j'avançais, plus j'étais atteint par l'addiction de la recherche et de la découverte. De quelques heures par jour, progressivement, je restais plus de dix heures devant mon ordinateur. Quelquefois, j'y passais même la nuit, sans rien obtenir. La généalogie est une véritable drogue !

Bien entendu, ce ne fut pas si facile, car beaucoup de fausses pistes attendaient le débutant que j'étais. J'ai donc appris par l'erreur, avec quelques découragements à la clé tout de même. Plus je m'enfonçais dans le passé, plus la difficulté augmentait. L'évolution de la graphie des lettres au cours des siècles ainsi que l'emploi d'abréviations totalement indéchiffrables devenaient un énorme frein. Je dus, par nécessité, suivre des cours de paléographie sur le net.

En remontant le temps, un autre obstacle apparut : tous les actes d'état civil rédigés dans les paroisses étaient de plus en plus brefs, pour beaucoup sans aucune filiation, mais aussi rédigés en latin. En conséquence, je dus me plonger dans cette langue dont je ne possédais que quelques rudiments. Heureusement, les formules utilisées se répétaient souvent. Mais bien comprendre les dates, les noms et les lieux, demeurait essentiel. Ce langage, par ailleurs, était souvent mêlé à de vieux mots de patois régionaux, ce qui compliquait singulièrement la compréhension.

Malheureusement, remonter au-delà de 1540 dans les registres d'état civil des paroisses s'avéra impossible dans beaucoup de régions. C'est l'ordonnance de François 1er dite de « *Villers-Cotterêts* » en 1539 qui imposa aux paroisses de tenir un livre des baptêmes. Une autre de Henri III dite de « *Blois* » en 1579 imposa la tenue d'un registre des mariages et des décès. Auparavant, les paroisses rédigeaient, ou non les actes, selon leur bon vouloir, en général pour la noblesse et les bourgeois, mais pas pour les roturiers.

Pour remonter plus en amont, je dus faire confiance aux historiens des siècles précédents et des manuscrits numérisés par des bibliothèques en ligne, notamment celle de la BNF qui donne accès à d'immenses fonds, atteignables par gallica.bnf.fr.

Grâce à tous les résultats obtenus dans mes recherches, mon arbre s'est enrichi de nombreuses branches et d'une multitude de noms. À ce jour, il est haut de quinze générations et comporte mille six cents personnes. Sur certaines branches bourgeonnent encore des feuilles, prêtes à se développer.

De plus, je peux affirmer avec une quasi-certitude avoir découvert l'origine du nom de la famille lors de mes prospections, qui m'ont mené à l'année 1146.

Ce temps passé à extirper ces données du passé me permettait aussi de m'éloigner un peu des pensées sombres qui m'assaillaient à chaque instant.

Grâce à mes requêtes lancées sur les bibliothèques en ligne, j'ai collecté des informations époustouflantes dans les siècles qui ont précédé le nôtre.

Germa alors l'idée de raconter des chroniques familiales, un travail colossal, mais ô combien passionnant ! Pour cela, j'ai dû revisiter l'histoire et la géographie, mais aussi acquérir de nouveaux savoirs dans des disciplines que je ne connaissais pas.

J'avais pris soin d'indexer, documenter et archiver chacune de mes découvertes. J'avais ainsi réuni une soixantaine de personnages issus de la famille, chacun révélé par des informations fascinantes dénichées dans les bibliothèques en ligne. Avec ces trésors, j'ai entrepris de rédiger des « brèves » : de courts récits inspirés par mes trouvailles.

Ce nouvel ouvrage de trois cent soixante-dix pages, intitulé « *Les Trignac dans l'histoire* », est sorti en septembre 2023. Destiné uniquement aux membres de la famille, il a ouvert des pans insoupçonnés sur le parcours de nos ancêtres au cours des neuf siècles que j'ai explorés. Il apporte un regard nouveau sur la vie, dans des époques que l'on ne connaît que par les livres d'histoire, lesquels fournissent une vérité essentiellement définie par leurs auteurs. J'ai constaté que cette vie n'est pas réellement celle connue par nos aïeux.

On y trouve des personnages très divers tels que : chevaliers, marchands, serviteurs de l'État, ménestrels, soldats, ecclésiastiques, artisans de toutes corporations, bandits, et beaucoup de paysans.

C'est aussi l'héritage que je lègue à mes descendants, afin que le nom qu'ils découvriront peut-être un jour sur une pierre tombale ou dans les profondeurs du net ne soit pas vide de sens.

Bien entendu, ce volume fut très apprécié par les récipiendaires. Certains, avides d'aller au-delà, me suggérèrent d'étendre mes « brèves » à de véritables romans, ce qui d'ailleurs correspondait à mes aspirations.

Toujours porté par l'élan effervescent de l'écriture, je continuais sur ma lancée. Cette nouvelle compagne, accrochée à moi comme une ombre fidèle, ne me quittait plus. Je décidai alors de me lancer dans la création d'un roman. Il s'inspirait d'un personnage énigmatique découvert dans les manuscrits de l'abbaye de Saintes, datant de 1146. Un précieux contrat, rédigé en latin, évoquait une donation généreuse d'Hugues de Trignac et de son épouse Bénédicte au monastère, juste avant leur départ pour la croisade avec Louis VII. Cette donation, comprenant une maison et un terrain adjacents au cloître, ouvrait une fenêtre sur leur monde. Par une nuit de veillée studieuse, je dénichai aussi une mention d'Hugues, partant pour la croisade depuis Metz en 1147. Comme un archéologue littéraire, je déterrai alors un manuscrit, relatant l'existence d'un Guillaume, devenu prieur à l'abbaye de Grandmont. Originaire du même lieu, il portait le même nom. Les dates concordaient pour faire de lui le fils d'Hugues et Bénédicte. Ces précieuses informations ajoutées à la découverte du domaine porteur du nom de la famille, depuis l'époque romaine, me permirent de créer le synopsis de mon premier roman historique.

Pour ne pas vivre le Premier de l'an 2024 en solitaire, je partis dans le Sud-Ouest de la France, chez un cousin, lui aussi récemment veuf. Ce voyage, bien plus qu'une simple visite, se transforma en une quête historique. Dans ces lieux, j'avais découvert de nombreux actes d'état civil remontant au 16e siècle, reliés aux branches de mon arbre généalogique. Mon cœur palpitait d'excitation lorsque je visitai les abbayes, les églises et les cimetières, en quête de pierres tombales gravées de mon nom ancestral. Mais la déception s'installa vite, car mes investigations demeurèrent vaines. Cependant, je me rendis compte que ce que je cherchai était beaucoup trop ancien ; les plus vieilles inscriptions sur les pierres tombales dataient seulement de 1850. Je fis alors le tour des mairies pour tenter de connaître l'existence de familles du même nom que le mien dans les environs. La seule information que je pus obtenir fut celle d'une famille maintenant résidente sur Paris, ayant vendu sa propriété depuis une vingtaine d'années. Le lieu décrit correspondait parfaitement à l'une de mes découvertes de personnages installés en bonne place dans mon arbre. L'espoir de retrouver quelques traces de contemporains renaissait.

Je m'attardai longuement dans un petit hameau et vers une vieille église qui venait d'être restaurée par une association de bénévoles. Cette église avait vu défiler nombre des personnes accrochées à mon arbre ; j'avais retrouvé plus de deux cents actes d'état civil de baptêmes, mariages, et décès rédigés par les curés de cette paroisse. Ce lieu s'imposa à moi comme le fil rouge de l'évolution des héros de mon roman, au retour de la croisade.

J'eus le sentiment qu'une autoroute dégagée s'offrait à moi. Je me glissai alors dans le personnage de Hugues et imaginai les aventures du couple ainsi qu'une véritable saga familiale. J'entrepris des recherches approfondies sur le 12e siècle et les croisades. Cette quête fébrile m'apporta toutes les informations que je souhaitais. Le roman de deux cent soixante-dix pages, intitulé « *Le Chevalier Hugues de Trignac* », fut écrit en moins de trois mois.

Alors que je mettais la touche finale à mon premier roman, mes pensées vagabondes et mes découvertes palpitantes m'entraînèrent vers les fondements d'une nouvelle aventure, plongeant dans les tumultes du 13e siècle. L'intrigue, enracinée dans des personnages historiques, des lieux enchâssés dans le temps et des évènements rigoureusement vérifiés, se déroulait sous mes yeux tel un fil se dévidant de sa bobine.

Les trésors cachés sur la toile d'araignée du Net, les souvenirs des lieux explorés au début de l'année, se révélèrent tels des fragments d'un puzzle construisant le synopsis du roman à venir. En trois mois, « Un rendez-vous mystérieux », ce nouveau roman de deux cents trente pages vit le jour. Tel un mystère se dénouant peu à peu, l'intrigue, enveloppée dans une énigme, s'inscrit dans la continuité du premier opus tout en restant un récit autonome.

À l'origine, ces écrits étaient destinés à un cercle familial restreint, comme des trésors secrets à partager en privé. Toutefois, quelques personnes proches, lesquelles avaient accepté la lourde tâche de devenir mes « bêta-lecteurs », m'en firent des éloges.

Leur conseil fut unanime : confiner ces écrits à un cercle aussi réduit serait dommage. Ces textes poignants, immersifs, riches et nouveaux, méritaient, à leurs yeux, de s'épanouir au grand jour.

Ce tournant inattendu fit éclore une idée.

Si ces romans trouvaient écho auprès d'un large public, ils pourraient générer des ressources financières. Toutefois, je n'avais nullement l'intention de percevoir pour moi-même les fruits de ces écrits. Leur rédaction m'avait offert une bouffée d'oxygène, une évasion salutaire dans le cadre de ma thérapie de deuil.

Je souhaitais plutôt enrichir le don de mon club Rotary destiné à soutenir la recherche sur les maladies neurodégénératives, par le biais de la fondation Neurodis. Lors d'une réunion Rotary, qui rassemblait une soixantaine de personnes, j'animai une conférence passionnée sur la généalogie. Je la conclus en présentant mes ouvrages et en évoquant l'idée de leur publication sous l'égide du Rotary, avec les bénéfices dirigés vers la fondation Neurodis. Immédiatement, un comité de lecture se constitua, et quelques semaines plus tard, les premiers avis confirmèrent cette initiative prometteuse. Ainsi, une nouvelle marche était franchie sur mon escalier du renouveau.

Poussé par l'insistance de certains, alors que j'envisageais d'auto publier les livres, je décidai de soumettre mes deux romans à une vingtaine de maisons d'édition. Elles fonctionnent selon divers modèles économiques : à compte d'éditeur, à compte d'auteur, à compte participatif.

En un mois, je reçus des propositions de plusieurs maisons. Toutes m'assuraient que mes ouvrages, passés au crible de leur comité de lecture, étaient uniques et captivants. Ils méritaient une édition grand public. D'autres maisons me répondirent que mes livres avaient retenu leur attention et étaient en cours d'évaluation par un comité de lecture, les résultats de cette analyse approfondie devant être connus d'ici environ trois mois.

La rapidité déconcertante des réponses de certaines maisons me laissait perplexe, bien que les résumés de mes ouvrages qu'elles m'avaient envoyés fussent tout à fait pertinents. Méfiant, je sollicitai l'avis de l'IA ChatGPT, en lui soumettant le corpus de mes textes. Je découvris alors la puissance de cette intelligence artificielle. Les résultats obtenus étaient étrangement similaires aux retours dithyrambiques précipités de certaines de ces entreprises. J'en conclus qu'aucun comité de lecture n'avait véritablement examiné mes ouvrages en détail. La réponse était donc fallacieuse. L'IA au travers de ses algorithmes, après une analyse de quelques secondes, avait formulé un résumé et un avis, peut-être validé par une lecture humaine, mais des plus rapides. Cette approche me permit d'éliminer les propositions reçues trop hâtivement. Elles émanaient toutes des maisons d'édition fonctionnant sous compte d'auteur. D'autres contrats arrivèrent plus tard, envoyés par des maisons à compte d'éditeur, beaucoup plus sérieuses. Ces dernières offraient une large promotion, mais bloquaient toutes possibilités de lancer l'action Rotarienne que j'imaginais.

Dans l'un de mes ouvrages, pour illustrer les actions de mes personnages, je souhaitais intégrer deux dessins trouvés sur Internet. Je devais donc obtenir les droits d'utilisation auprès de leur auteur. Après quelques recherches, je réussis à le retrouver, et j'entrai en contact avec lui pour lui exposer ma démarche. Il était le président de l'association qui avait œuvré à la restauration de l'église mentionnée dans mes écrits, celle vers laquelle je m'étais attardé dans le Sud-Ouest. Non seulement il m'accorda l'autorisation, mais il m'invita également à participer à un évènement local : une exposition d'artistes dans cette même église. Il insista pour que je vienne avec mes ouvrages qui, selon lui, ajouteraient encore plus de prestige au lieu. De plus, il me dit avec assurance :

« Je pense que vos ouvrages se vendront très facilement. » Lui-même avait édité un petit fascicule sur le lieu, vendu à trois cents exemplaires.

Afin de conserver l'intégralité de mes droits d'auteur, je décidai dans un premier temps, de ne pas donner suite aux propositions des maisons d'édition. Je commandai la réalisation de quelques dizaines d'exemplaires destinés à être vendus lors de cette exposition à laquelle j'étais convié. Cette manifestation me permettrait de mesurer la notoriété de mes écrits, encore inconnus du public.

10. Rituels

Longtemps, j'ai eu l'impression de n'être plus qu'une moitié de moi-même, amputé de l'essentiel, car elle était cette autre moitié. Pour tenter de me sentir entier tout en perpétuant sa présence, j'ai instauré mes petits rituels.

Autour de mon cou pend une chaînette, porteuse de nos deux alliances. Souvent, je me surprends à les caresser doucement, à les enfiler tour à tour sur mon doigt, comme pour capter un écho de sa présence. Souvent, je m'adresse à elle. Je sollicite son avis sur une décision à prendre ou son aide pour apaiser une inquiétude. Dans ces moments-là, je glisse mon doigt dans son anneau, telle une antenne envoyant des messages à travers l'éther, vers l'au-delà.

Mon smartphone est une fenêtre ouverte sur son visage radieux, que je fais apparaître d'un simple geste, tel un magicien sortant un lapin de son chapeau. Chaque matin, elle m'accompagne, complice silencieuse, alors que je savoure mon premier café. Je laisse mes lèvres effleurer l'écran, les yeux fermés, m'abandonnant aux douces pensées de nos moments heureux. Ce rituel est mon bonjour matinal, un écho vibrant des belles années partagées. Son sourire, même au travers de la froideur du verre, est mon rayon de soleil quotidien. Il réchauffe mon cœur et me donne l'énergie nécessaire à la journée qui s'annonce. En contemplant ce visage éclatant, toujours présent, je m'efforce de recouvrir les images terrifiantes de ses derniers instants, celles qui ont hanté mes pensées si longtemps. Ainsi, grâce à ce geste quotidien, ces souvenirs douloureux s'effacent lentement, laissant place à la sérénité retrouvée.

Dans la maison, la réintégration du grand lit conjugal me fit longtemps hésiter, jusqu'au jour où la rénovation de la pièce effaça l'image douloureuse de la chambre d'hôpital. Avec un pincement au cœur, je réaménageai ce qui avait été notre sanctuaire intime. Cependant, un détail crucial subsistait à mes yeux : conserver les deux oreillers ou n'en laisser qu'un. Pendant des mois, les deux oreillers restèrent présents côte à côte, témoins silencieux de son absence. Puis, un jour, sentant le moment de l'acceptation enfin venu, je me résolus à en retirer un. Ce geste marqua une étape de ma reconstruction, le passage délicat, mais nécessaire vers une nouvelle vie en solitaire.

Les visites à sa tombe, que je fleurissais sans cesse, faisaient partie de mon quotidien. Au terme d'un an, je pris conscience de la relation chimérique à laquelle je m'accrochais. Elle ne faisait qu'entretenir des souvenirs douloureux. J'ai alors progressivement espacé mes visites pour n'en faire qu'une hebdomadaire. Ce rendez-vous secret et intime, où je m'autorise encore à verser quelques larmes et à lui parler, m'est toujours indispensable. Lorsque je m'absente trop longtemps, sitôt mon retour, une force irrésistible me pousse vers ce lieu de retrouvailles. Pourtant, mes pensées, jour et nuit, sont tournées vers elle. La nuit, elle hante souvent mes rêves et au réveil, le souvenir de ces rencontres nocturnes m'emplit de joie ou de désespoir. Mon humeur diurne dépend alors de mon activité cérébrale nocturne. Cependant, je note avec espoir la dominance progressive des rencontres nocturnes heureuses.

Lors de mes recueillements devant la pierre tombale nue, après que sa photo ait été détruite par les rigueurs de la météo, je me sentais perdu et sa mémoire me semblait diffuse. Aussi, je fis réaliser un bloc de résine dans lequel était incrustée la photo de son visage radieux (celle qui m'accompagne chaque matin). Ainsi, je pouvais lui parler et j'avais l'impression qu'un dialogue se nouait entre nous. Ce bloc de résine ne résista qu'un an aux conditions climatiques. Je dus me faire violence pour ne pas le remplacer. La gravure de son nom sur la pierre tombale prit le relais. À partir de ce moment, j'avais le sentiment que notre connexion spirituelle s'éloignait un peu, bien que son visage m'apparaissait dans l'image mentale que je me construisais lors de mes recueillements.

Lorsque je me trouve dans le Midi, une force irrésistible me pousse vers l'église du village, sanctuaire des reliques de Sainte Sarah, le prénom de notre première fille. À chaque visite, Brigitte insistait pour allumer une bougie dans la crypte. Même en fauteuil roulant, nous ne manquions jamais ce rituel. Aujourd'hui, seul dans cette crypte, je perpétue ce geste, nous revoyant ensemble, disposant notre bougie sur le présentoir. Ce moment est une communion spirituelle intense avec elle.

Ce lieu est aussi, hélas, porteur d'autres souvenirs. Je flâne presque chaque jour, en bord de mer, sur cette promenade aménagée qui m'attire tel un pèlerin, dans sa quête de réconfort sur un chemin parcouru jadis par un saint. Je croise souvent des personnes en fauteuil roulant, poussé par un aidant dévoué. Leurs visages sombres reflètent sans doute les nôtres autrefois. J'observe, non sans amertume, l'indifférence des passants qui détournent le regard : craindraient-ils de confronter cette réalité, de reconnaître que cela pourrait un jour être leur sort ? Je nous revois tous deux, dans cette même situation, sur ce même chemin. Un regard de compassion m'échappe alors pour ces inconnus partageant notre ancienne épreuve, et parfois, nous échangeons quelques mots bienveillants.

Ses dates anniversaires demeurent gravées en moi comme des pierres angulaires de notre histoire : sa naissance, notre mariage, et la plus douloureuse de toutes, celle de son décès. À l'approche de cette dernière, une tempête émotionnelle se lève en moi. Elle ravive, avec une intensité poignante, chaque souvenir, chaque douleur, pendant quelques semaines. Puis le temps reprend son cours implacable, jusqu'à la prochaine échéance. Pour honorer ces dates, je fleuris sa tombe avec une attention toute particulière, une dévotion plus intense qu'à l'ordinaire, cherchant ainsi à perpétuer sa mémoire dans le souvenir de notre amour.

11. L'isolement

L'isolement dans lequel nous nous sommes glissés résulte sans doute de notre trop grande implication dans nos diverses communautés au fil des ans. La crainte du regard des autres nous hantait. Nous refusions d'exposer notre déchéance et rejetions la compassion. Nous nous acharnions à maintenir une image positive, faite de dynamisme et de force. Ces attitudes répondent aux normes implacables de notre société. Une société qui n'accepte que les forts et relègue les faibles et les vulnérables à la marge.

En suivant ces principes, sans nous en rendre compte, nous avons plongé dans ce paradoxe contemporain, où les dynamiques sociales et psychologiques conspirent pour favoriser l'isolement, malgré une apparente intégration communautaire. Nous nous sommes ainsi créé un cocon de solitude, un refuge contre la cruauté des jugements et des compassions de façade, tout en demeurant les prisonniers invisibles de nos propres exigences.

L'implication intense dans une communauté renforce le statut social et la reconnaissance, ce qui accroît la pression sur les individus moteurs, qui s'obligent à maintenir une image idéale. Cette pression conduit à un perfectionnisme où l'on cherche à masquer ses faiblesses pour correspondre aux attentes élevées de l'entourage.

La peur du jugement et de la stigmatisation est un puissant moteur de l'isolement. On redoute que la vulnérabilité soit perçue comme une faiblesse. Dans un contexte où la force et la résilience sont valorisées, montrer des signes de déchéance est perçu comme un échec personnel et social, même si cela échappe au contrôle de soi.

Lorsqu'une maladie s'invite, une personne forte peut la considérer non comme une fatalité, mais plutôt comme une punition pour une action antérieure mal conduite, avec pour conséquence une perte de confiance en soi. Ce fut le cas pour mon épouse. Un jour, elle m'avoua se sentir punie par le destin. Étonné, je lui demandai d'où provenait ce sentiment. Elle m'avoua que, par son désir criant de devenir mère, auquel j'avais pourtant totalement adhéré, elle craignait de m'avoir éloigné de mes enfants issus de mon premier mariage. Je lui rappelai alors les longues discussions que nous avions eues à ce propos. J'espère que cela l'a apaisée.

Le refus de montrer sa déchéance est aussi une forme d'autoprotection visant à préserver son image publique et à éviter une compassion perçue comme condescendante. Bien que positive, la compassion peut être vécue comme une remise en question de l'autonomie et de la dignité personnelle.

La société contemporaine valorise la performance, la productivité et le dynamisme. Nous sommes tous encouragés à exhiber notre réussite et notre résilience, souvent au détriment de notre authenticité. Cette valorisation crée une dissonance entre l'image que l'on projette et notre réalité personnelle, conduisant à une fracture de son être et à un isolement émotionnel et social.

Notre société valorise la force, la réussite et l'autonomie. Les faibles et les vulnérables sont souvent marginalisés ou perçus comme des fardeaux. Cette valorisation crée une norme sociale qui exclut ceux qui ne peuvent pas, ou ne veulent pas se conformer à ces standards. La vulnérabilité est souvent stigmatisée, perçue comme une faiblesse à cacher plutôt qu'une humanité à embrasser. Elle nous pousse à masquer nos difficultés et entraîne un isolement progressif.

L'isolement produit aussi des effets néfastes sur la santé physique et mentale, comme la perte de poids, la perte de sommeil, la dépression et l'anxiété. J'ai bien connu une importante perte de poids et de sommeil ainsi que, sans l'avouer, un début de dépression. La rupture des liens sociaux affaiblit le soutien communautaire et aggrave sans doute les effets de la solitude. Une fois rompus, ces liens ne se retrouveront jamais comme avant, sous réserve de bien vouloir les reprendre. Je constate que recréer de nouveaux liens sociaux est plus facile que de tenter de restaurer ceux qui ont été brisés.

On peut rêver d'un monde idéal où, pour lutter contre cet isolement, une culture de l'authenticité et de la vulnérabilité serait encouragée plutôt que celle de la performance et de la perfection. Un monde où les individus se sentiraient acceptés et soutenus libres de partager leurs difficultés, sans crainte de jugement, quelles que soient leurs circonstances personnelles.

Notre isolement faisait aussi écho à une attitude profondément ancrée de dissimulation de mes faiblesses, une habitude cultivée tout au long de ma carrière, comme je l'ai déjà mentionné. J'avais maîtrisé cet art avec une finesse remarquable, et l'exhortation explicite de mon épouse à suivre cette même voie ne fit qu'intensifier cette tendance. Ensemble, nous nous retranchions derrière un mur de dignité feutrée, où l'apparence de force devait perdurer afin de masquer les fragilités qui nous habitaient.

Cette situation ne nous effrayait guère, car nous avions chacun déjà traversé une longue période d'isolement après nos divorces respectifs. Quelques décennies auparavant, à la suite d'une séparation, les amis du couple séparé craignaient souvent de prendre parti pour l'un ou l'autre et préféraient se retirer, abandonnant ainsi des relations sociales complexes. Recréer des liens sociaux ensuite s'avérait tout aussi délicat. Pour beaucoup, le divorcé était souvent perçu comme une présence indésirable, quelqu'un à éviter, de peur que ses problèmes ne contaminent les relations des autres couples. Cette expérience antérieure nous avait préparés à affronter l'isolement avec une résilience accrue, renforcée par la compréhension silencieuse de nos deux âmes ayant déjà connu la solitude.

12.   La confrontation à l'absence

La confrontation à l'absence, après ces années d'accompagnement, est une expérience profondément émotive et complexe. Cette situation a soulevé plusieurs dimensions psychologiques et émotionnelles significatives, tant pour moi-même que pour l'ensemble de mon environnement familial et social.

J'avais investi pendant des années une part importante de ma vie dans le rôle de soutien et de soins. Cette relation a créé un lien profond et une dépendance émotionnelle réciproque. Ainsi, après le décès, je me suis retrouvé confronté à un vide immense, non seulement dans ma vie quotidienne, mais aussi sur le plan affectif et identitaire. Cette aide totale avait tellement cimenté nos deux personnes, qu'une partie de moi-même avait subitement disparu.

Sur le plan émotionnel, j'ai été plongé dans une solitude abyssale et un sentiment de perte incommensurable. Ma difficulté d'accepter son absence physique est certainement proportionnelle au nombre d'années passées à m'occuper de sa santé et de son bien-être. Le processus de deuil est d'autant plus complexe lorsque l'on a sacrifié ses propres besoins et aspirations pour se consacrer à son rôle d'accompagnant. Cela a engendré chez moi des sentiments de culpabilité vis-à-vis des jeunes dont je m'occupais auparavant, dans le cadre du lancement de leur vie professionnelle. Cet arrêt m'a aussi entraîné quelques regrets. La réussite de leurs projets me procurait de grandes satisfactions.

Par ailleurs, la confrontation à l'absence m'a également révélé des défis pratiques et organisationnels d'une ampleur insoupçonnée. Habitué à gérer tous les aspects millimétrés de la vie quotidienne de notre couple, j'ai dû m'adapter à une nouvelle réalité dépourvue de la présence physique et des besoins spécifiques de ma moitié. Cette transition s'est avérée particulièrement difficile, car j'avais structuré ma vie autour du soutien que je lui apportais. Tout mon emploi du temps devait être repensé, toute une existence recréée.

Je n'avais plus à planifier mes journées pour ses séances de réadaptation, plus à m'occuper de ses besoins constants, plus à préparer des repas spécialement pour elle. M'inquiéter des courses devenait inutile et mes nuits de veille disparaissaient. Tout ce temps libéré accentuait encore plus cruellement son absence. Elle ne parlait plus, mais ressentait le besoin de m'entendre, alors je lui parlais, sans attendre de réponse. Ses regards, ses gestes infimes me suffisaient. Subitement, je n'avais plus besoin de parler non plus. L'absence, le silence, et ce temps désormais vide, conspirèrent pour m'enfermer dans une bulle de sidération, où chaque instant libre devenait un écho douloureux de son départ.

Sans sa présence, l'immensité de la maison se révéla soudainement à moi. Chaque pièce, chaque mètre carré autrefois occupé par la vie, me paraissait, désormais d'une inutilité accablante. En quête de simplicité, je me confinais alors dans un espace restreint, une enclave, une île qui correspondait mieux à mes besoins modestes et à mon existence rétrécie. Là, entouré de quelques objets familiers, je cherchais à recréer une illusion de vie et de sens dans cette maison devenue étrangement vaste et vide. Même mon vieux chat, subitement devenu très attachant et me suivant partout, me semblait malheureux. Les quelques paroles que je prononçais désormais lui étaient destinées, et il me répondait par des comportements nouveaux et des bruits de gorge particuliers qui semblaient exprimer des sentiments.

En outre, mon entourage me semblait minimiser ou mal comprendre la profondeur de cette absence. Contrairement aux deuils plus conventionnels, la perte d'un être cher après des années d'aide intensive est sans doute moins visible pour les autres qui voient cet évènement plutôt comme une délivrance. Ainsi, je ne le comprenais pas, ce qui contrariait davantage mon processus de deuil.

J'ai subi avec une grande violence des propos de personnes qui croyant m'encourager, me disaient : « ça suffit, elle est partie, secoue-toi, tu es encore jeune ! » J'ai rompu mes relations avec les porteurs de ces paroles. Avec l'écoulement du temps, je les ai cependant compris, ils ne voulaient que m'aider, mais eux ne pouvaient saisir que je n'attendais pas de telles injonctions.

Pour surmonter cette épreuve de l'absence soudaine, j'ai choisi de ne pas suivre les conseils de mes proches qui me préconisaient un soutien psychologique. Ma fierté, peut-être mal placée, ou mon esprit de résilience m'ont poussé à affronter cette période en solitaire, en me tournant vers l'écriture. Néanmoins, il est certain que ces aides sont indispensables à ceux qui ne trouvent ni outil, ni bouée, ni lueur d'espoir pour s'accrocher à la vie.

D'autres possibilités existent. Sur le plan émotionnel, cela peut inclure l'accès à des services de soutien ou à des groupes de soutien de deuil spécifiquement adaptés aux aidants. Sur le plan pratique, il peut être nécessaire, grâce à un œil extérieur, de réévaluer et de réorganiser sa vie quotidienne pour l'adapter à la nouvelle réalité. Dans tous les cas, ce processus de deuil est complexe et demande du temps. Seule la patience, associée à des ressources, permet de naviguer au travers de cette période difficile, tout en préservant son bien-être émotionnel et physique.

Toute une littérature existe, traitant de la fin de vie et du parcours du deuil. L'un de ces ouvrages trône dans ma bibliothèque. Il m'a été conseillé par le diacre dont j'ai parlé plus haut. Je l'ai vaguement parcouru sans accorder d'importance aux recommandations très généralistes dont il fait état. Je crois que lire cet ouvrage « après » ne correspond pas à la bonne période. Pour ce qui me concerne, je considère qu'il m'aurait été utile « avant », pour me préparer. Mais dans cette période de « avant », est-on réellement disposé à découvrir et comprendre son contenu tel un oracle, dans cette boule de cristal qu'est le livre, lequel pourtant, dévoile assez précieusement l'avenir dans le « après » ?

13. Parler lorsqu'il est encore temps.

Les nombreuses équipes médicales que nous rencontrions ne nous ont jamais parlé d'échéances précises, même après la délivrance du diagnostic. Les propos étaient plutôt rassurants, jamais alarmants. Les visites semestrielles n'apportaient rien de nouveau, si ce n'est un ajustement de dosage de médicaments et un compte rendu habituel de type : « *évolution lente de l'ataxie cérébelleuse* ». Je me souviens d'une question de mon épouse lors de notre retour de l'une de ces visites :

« Comment connaissent-ils mon mal ? On ne me fait plus d'examen, pas de scanner de la tête. » Je n'ai pu lui dévoiler que les informations révélées par le Net :

« Un scanner ne montrerait rien de plus. » Cette absence de vrai dialogue avec le corps médical a sans doute contribué à l'installation d'une forme de déni de la maladie par nous deux.

Je me souvins d'une visite, quatre ans auparavant, à l'urologue qui traitait une partie de ses problèmes. Il pratiquait deux fois par an une intervention assez lourde. Après avoir pris connaissance une nouvelle fois de son dossier médical, il lâcha une phrase glaciale.

« Bien, je crois que l'on va vous ficher la paix avec votre sclérose en plaques. On va espacer les séances. »

C'était brutal, mais révélateur. Pendant deux jours, elle resta murée dans son silence. La notion de sclérose en plaques nous parlait, pas l'ataxie cérébelleuse.

J'aurais dû profiter de ce moment pour parler avec elle de cette maladie et faire le parallèle avec la sienne. Mais non, cela n'a fait qu'effleurer mon esprit, refusant de voir clairement les choses.

Bien avant l'annonce du diagnostic, il lui fut prescrit à plusieurs reprises, tous les six mois, une journée complète à l'hôpital neurologique. Elle y subissait une batterie de tests, notamment sur la moelle épinière et les nerfs. Lors de la dernière, elle ne vit personne à l'exception du service des repas. Elle resta désespérément seule dans sa chambre où je l'avais laissée, à attendre une prise en charge. L'équipe médicale avait oublié le rendez-vous. En fin de journée, suite à ses appels, on vint lui dire que ce n'était pas grave, son cas ne nécessitait aucune urgence. Ces propos ont encore contribué à nous leurrer sur la réalité de la situation.

Nous vivions avec les contraintes, nous adaptant toujours au mieux, sans imaginer que le terme approchait, sans évoquer une quelconque fin que nous n'imaginions même pas. Nous vivions une situation de handicap, rien d'autre.

Lorsque nous avons pris conscience qu'apposer sa signature sur un document devenait impossible, nous avons évoqué l'idée d'établir une procuration. Là aussi, c'était une simple adaptation à une situation de handicap.

Je n'ai pas pris la mesure de sa perte d'élocution. Les séances d'orthophonie étaient en place pour remédier au problème, croyait-on : encore une mesure d'adaptation au handicap.

C'est à cet ultime moment que nous aurions dû réagir, prendre conscience de la détérioration, parler avant qu'il ne soit trop tard, avant qu'elle ne puisse plus s'exprimer.

Bien plus tard, alors qu'elle ne pouvait plus du tout s'exprimer oralement, elle réussit, en me montrant difficilement les lettres sur sa feuille, à former des mots dessinant son état d'esprit :

« Pas le moral »

Je lui répondis simplement.

« Moi non plus, tu veux qu'on parle ? »

La réponse ne vint pas. Je partis alors vers les multiples tâches qui m'attendaient. Je regrette de ne pas avoir insisté. J'ai sans aucun doute ignoré le dernier moment possible d'échanger sur la fin de vie en toute lucidité. Par la suite, nos laborieux échanges se limitèrent aux besoins matériels quotidiens.

Je ne me pardonnerai jamais de n'avoir eu ni la lucidité ni le courage de parler avec elle de sa fin prochaine. Je n'ai rien dit, par crainte de lui infliger une souffrance émotionnelle supplémentaire, et parce que moi-même, je rejetais cette pensée. Déni, refus de l'inéluctable, espoir d'un rétablissement, lâcheté ? Je ne suis pas apaisé sur ce sujet qui, pour moi, reste à fleur de peau. Aujourd'hui, devant sa tombe, je la revois, assise dans son fauteuil, au même endroit. Ces moments de recueillement devant la sépulture de ses parents lui étaient importants. Je réalise qu'elle affrontait peut-être cette réalité seule, avec une force que je n'ai pas su voir. Si tel était le cas, elle ne voulait sans doute pas m'en parler pour ne pas alourdir mon fardeau.

Nous aurions dû admettre que cette maladie incurable nous imposait une réalité inévitable. J'en suis persuadé désormais ; ne pas en parler n'a fait qu'accroître notre angoisse réciproque diffuse.

Cette communication nous aurait peut-être ouvert l'esprit, nous aurait peut-être salutairement extirpés de l'état de déni dans lequel nous étions tous deux. Mais le paradoxe du déni n'est-il pas que l'on n'a pas conscience du déni lorsque l'on est dans le déni ? Nous étions sans le savoir au cœur d'une vérité troublante et complexe sur la nature humaine et les mécanismes de défense psychologique. Je suis persuadé de l'utilité d'inclure dans les parcours de soins, au sein des hôpitaux, un volet d'aide psychologique pour les patients et les aidants.

Nous n'avons que partagé nos espoirs, nous raccrochant à d'imperceptibles signaux que nous percevions à tort comme des améliorations. Nous aurions dû aussi partager nos peurs au lieu de les garder enfermées en nous. Pendant tant d'années, nous avons tout partagé alors, pourquoi n'avons-nous pas poursuivi jusqu'au bout ?

La peur de la mort et le déni sont des réactions naturelles, m'a-t-on dit. Aborder ces sujets nécessite de surmonter nos barrières émotionnelles. J'ai été aveugle, j'ai été faible, j'ai failli, je le regrette.

14.   La colère.

J'ai évoqué cette immense colère ressentie aussitôt après le décès. Je me suis longtemps interrogé sur ce sentiment. Pourquoi avait-il émergé dans mon parcours d'accompagnant puis de deuil ?

Deux ans plus tard, je crois pouvoir l'expliquer en partie par la succession de dysfonctionnements et d'incompréhension.

Tout d'abord, c'est un sentiment d'injustice qui domine. Pourquoi mon épouse, alors que le taux d'incidence n'est que de 0,6 pour 100.000 ? Cela peut paraître égoïste, mais ce n'est qu'une réaction humaine primaire. Chaque individu responsable, souhaite avant tout protéger ses proches. Mais face à une maladie incurable, nous sommes impuissants. La vie, dans ces moments-là, s'apparente à une partie de roulette russe. Pour cette maladie, un pistolet avec un barillet de 166.667 cartouches n'en contient qu'une seule. Le hasard a voulu que mon épouse soit confrontée à cette unique cartouche fatale, juste au moment où le barillet s'est arrêté devant le percuteur. C'est semblable à un accident tragique, où l'on se trouve simplement au mauvais endroit et au mauvais moment.

Ensuite, une profonde frustration et un sentiment d'impuissance m'ont envahi. J'ai mis ma vie entre parenthèses pendant des années, en donnant tout ce qu'il m'était possible, mais malgré tous mes efforts, rien n'a pu changer le cours des évènements. Cette expérience m'a laissé avec un sentiment d'échec qui a nourri une culpabilité dévorante, ébranlant ma confiance en moi. La colère m'a submergé, d'abord face à mon impuissance, puis contre ma propre faiblesse et mon incapacité à contenir mes émotions chaque fois que quelqu'un évoquait son souvenir ou nos années de galères.

J'étais en colère aussi contre l'impuissance du corps médical qui nous avait fait passer un temps considérable dans les hôpitaux, sans aucun résultat. Je comprends maintenant que l'éternité passée dans les établissements de santé n'était pas seulement destinée à nous donner l'impression qu'on prenait soin d'elle. Cela faisait partie d'un protocole bien pensé. Les informations recueillies lors des différents entretiens et examens sont utilisées pour alimenter des bases de données, qui contribuent à améliorer les diagnostics et à faire progresser les recherches. J'étais également en colère contre le personnel médical et son indifférence, qui ne nous avait jamais clairement expliqué le processus ni la fin inévitable. Je n'avais probablement pas assez distingué entre le personnel médical, qui suit des protocoles élaborés, et l'aspect psychologique du suivi, qui n'est pas inclus dans ces protocoles, mais dont nous aurions eu grand besoin. Quant à l'indifférence que j'ai ressentie, je comprends aussi maintenant que toutes ces personnes dévouées aux autres, par le choix de leur métier, ne peuvent pas servir d'éponge aux malheurs de leurs patients. Si tel était le cas, l'accumulation des charges mentales ne leur permettrait pas d'exercer leur noble tâche bien longtemps !

J'étais en colère contre l'État qui n'attribuait pas assez de moyens aux hôpitaux ni à la recherche médicale. Ce refrain, je l'entendais régulièrement dans les divers établissements que nous fréquentions. Il était aussi relayé par les médias lors des soubresauts des revendications des professionnels de santé.

J'étais en colère contre le voisin, indifférent à mes remarques. Ses chiens rugissaient sans retenue, alors que je la soutenais dans ses quelques pas salutaires. Par la suite, j'ai dû renoncer à la promener en fauteuil sur notre chemin. Ces bêtes menaçantes, bien que confinées derrière un grillage, l'effrayaient terriblement. Leur présence transformait chaque sortie de promenade en une épreuve de plus, qui ajoutait une couche supplémentaire de stress à sa situation déjà fragile. Le simple fait de voir sa peur, de sentir son appréhension grandir à chaque aboiement nourrissait ma colère contre cette indifférence.

Ma colère grondait contre l'association qui, les derniers temps, nous avait délégué une aide pour l'entretien de la maison. Derrière les mots apaisants des responsables des équipes, aucune amélioration tangible ne se profilait à l'horizon. Je me retrouvais à reprendre une partie du travail, veillant à ce que mon épouse ne soit pas témoin du laisser-aller insidieux qui s'installait. Chaque intervention bâclée, chaque coin de la maison négligé, ajoutait à ma frustration. L'effort supplémentaire que je devais fournir pour masquer ces insuffisances exacerbait ma colère contre cette inefficacité dissimulée sous des promesses creuses.

Ma colère s'était déchaînée contre la compagnie d'ambulance qui avait omis un rendez-vous crucial, prévu pour emmener mon épouse à l'hôpital neurologique une semaine avant son décès. Cette négligence, à un moment où chaque détail comptait, incarnait une incompréhensible défaillance coupable. Je n'ai jamais pu établir si la compagnie avait été effectivement prévenue par les services de l'HAD comme cela avait été convenu. Ce doute persistant sur le respect des engagements m'a laissé avec un sentiment d'injustice et d'impuissance.

Je me suis même surpris d'être en colère contre mon épouse qui n'avait jamais évoqué elle-même sa fin de vie. J'avais le sentiment qu'elle m'avait abandonné. Cette colère était une riposte à ce sentiment. Cette brève colère contre elle, je l'ai rapidement retournée contre moi, en me maudissant pour ne pas avoir eu le courage de lancer le sujet moi-même avec elle.

J'avais conscience qu'une tâche immense me serait nécessaire pour réapprendre à vivre seul, je n'avais plus le courage d'assumer. Pourquoi devrais-je tout reconstruire alors que d'autres retraités coulaient des jours paisibles ? J'étais en colère contre l'injustice de la vie.

Enfin, je crois que j'avais besoin de trouver un coupable, quelque chose ou quelqu'un à blâmer pour donner un sens à cette disparition. Le stress et l'épuisement ont sans doute accentué cette colère. Diluée dans le temps, son intensité a baissé. Je la ressens désormais comme lointaine et normale. J'ai appris aussi, à accepter mes émotions, et à leur laisser libre cours, même aux yeux d'autrui.

15. Le soutien et l'affection des autres, en dehors de la famille.

J'ai parlé de l'essai de retour dans mon village aussitôt après le décès. Cette expérience a été pour moi une profonde blessure, un traumatisme important, que je ressens encore aujourd'hui.

Je pense qu'il était trop tôt, j'ai eu le tort de vouloir affronter cette étape en me croyant suffisamment fort alors que j'étais dans un état de vulnérabilité extrême.

Les paroles de soutien et d'affection qui m'étaient adressées, bien que sincères et bienveillantes, ne correspondaient pas à l'état tumultueux de mes émotions. Elles m'apparurent comme des intrusions maladroites, presque provocantes, exacerbant ma détresse intérieure. Plutôt que de réconforter, elles ont amplifié ma surcharge émotionnelle, me poussant à un point de rupture.

Incapable de contenir cette pression, j'ai craqué, rompu le contact, puis pris la fuite, révélant ainsi ma vulnérabilité. Cette fuite n'était pas seulement une évasion physique, mais aussi un aveu de ma perte de confiance en moi-même. Ma colère s'est alors retournée contre moi, nourrie par mon incapacité à assumer ma fragilité. Je ne connaissais pas exactement mes attentes, mais ces paroles étaient insupportables. J'aurais sans doute mieux accueilli un simple regard, un geste silencieux, quelque chose qui ne m'aurait pas forcé à parler, à me justifier.

Un peu plus tard, d'autres tentatives de soutien verbal sont venues à moi, mais elles me paraissaient désespérément creuses, inutiles, et terriblement banales. Par politesse, je m'efforçais de répondre, camouflant mes véritables émotions derrière un masque de courtoisie. Chaque réponse, cependant, drainait mes forces, et me plongeait un peu plus dans l'épuisement. Supporter le poids des émotions des autres, en plus des miennes, était une épreuve écrasante. Tout ce que je désirais, ardemment et désespérément, était la solitude : un refuge où je pourrais enfin trouver la paix et apaiser ma douleur.

Les rares personnes qui comprenaient ce besoin étaient celles qui passaient me voir sans s'attarder. Elles adoptaient une approche simple et familière, du genre :

« Je passais dans le coin et j'ai vu le portail ouvert, tu paies une bière ? »

Comme au bon vieux temps, j'appréciais ces visites impromptues et brèves, où l'on partageait une bière en refaisant le monde, parlant de tout et de rien. Ces moments étaient dépourvus de toute intrusion dans mon océan de douleurs, tout en me rappelant qu'autour de moi, le monde continuait d'exister.

D'autres encore me contactaient par téléphone, souvent sous le prétexte d'un coup de main, d'un conseil à donner, ou de l'emprunt d'un outil. Ces amis-là évitaient les questions directes comme « Comment ça va ? » et me laissaient la liberté de parler ou non. Ils se mettaient à l'écoute sans être intrusifs. Ils avaient compris mes attentes et je chérissais la délicatesse de leur geste. Ces attentions discrètes et bienveillantes, tel un onguent sur une blessure douloureuse, m'offraient un répit précieux et m'aidaient à me sentir compris et soutenu sans pression ni gêne.

Lorsque la tension devenait insupportable, je m'évadais vers le Midi, dans cette maison où les souvenirs pesaient moins lourd sur mes épaules. Le village, avec sa tranquillité, était un refuge loin des regards curieux et des questions indiscrètes. Je pouvais enfin laisser libre cours à mes émotions sans craindre d'être jugé.

Je m'accordais de longues marches, durant des heures, le long de la mer ou à travers les marais. Ces promenades solitaires, loin du tumulte du monde, m'offraient une forme de catharsis. Pas à pas, je vidais mon esprit, tout en laissant la nature absorber mes tourments. Après avoir parcouru plus de cent kilomètres en une semaine, mes tensions étaient dissipées et mes colères apaisées. Revigoré par cette parenthèse salutaire, je pouvais enfin retourner à mon domicile principal, l'esprit plus léger.

Plus de six mois, m'ont été nécessaires avant de réussir à parler de mes émotions, de mes sentiments et à évoquer les années de galères avec des amis proches. Tous ont cependant compris que ce n'était qu'un début, un long chemin restait à parcourir, le temps ferait son œuvre. Ces amis étaient dans l'écoute, pas dans le questionnement, pas dans l'avidité de savoir. La vraie amitié demeure dans la compréhension et le respect de l'autre.

Un an s'est écoulé avant que je n'accepte à nouveau les invitations de couples. Me retrouver seul face à deux personnes demeure une épreuve délicate, une situation encore empreinte de fragilité pour moi.

Tout dépend de l'attitude de mes interlocuteurs. Lorsque je sens monter en moi une profonde tristesse, je prends poliment congé. Les véritables amis comprennent parfaitement cette nécessité de retrait. Ils savent que, parfois, le silence et la distance sont les meilleures réponses face à une peine encore vive. Leur compréhension et leur patience me rappellent que l'amitié véritable respecte les rythmes individuels et les besoins de l'âme dans la douleur.

Grâce aux quelques rencontres que j'accepte désormais avec d'anciennes connaissances, j'ai remarqué que beaucoup sont restées en retrait par discrétion et dignité, une attitude que j'apprécie profondément. Je sais maintenant que je peux reconstruire certains liens sociaux, rompus depuis des années.

De plus, bien que chacun de nous ait eu ses attaches personnelles dans ses diverses activités de bénévolat et ses amitiés respectives, ces retrouvailles m'ont révélé la profondeur et la solidité de nos relations partagées. Nous étions perçus comme une entité unique, une symbiose dont la complémentarité, l'amour, et l'attachement réciproque étaient visibles et reconnus par tous. Cette reconnaissance extérieure, cette perception unanime de notre unité m'a réchauffé le cœur. Elle a ravivé en moi l'espoir et la certitude que, malgré les années et les difficultés, les liens tissés par des valeurs communes et un engagement partagé demeurent indéfectibles et précieux.

16. Une aide pour aider à rebondir

Certains de mes amis et des membres de ma famille s'étonnent de mon besoin d'écrire. J'entends souvent ces questions :

– Pourquoi l'écriture ?

– Avais-tu des dispositions particulières pour cela ?

– Et pourquoi les romans historiques ?

Non, je ne disposais pas d'aptitudes particulières pour cet exercice. Mon esprit cartésien et technique rejetait l'imagination rêveuse et poétique des littéraires. J'étais ancré dans le pragmatisme, le méthodique, le rationnel et l'analytique. Le côté littéraire de notre couple, c'était elle qui l'apportait, avec sa soif de lectures, son imagination débordante, sa créativité foisonnante, ses intuitions délicates et l'évocation sincère de ses émotions. Je n'en avais pas conscience, mais elle m'a transmis ses valeurs. Cette découverte progressive me permet désormais d'écrire sans craindre de rêver et de dévoiler mes sentiments.

Ces valeurs m'ont accroché à cette petite lumière au fond du tunnel dans lequel m'avait enfermé son départ. Une lumière dans laquelle je devinais le mot « écris ! » au moment où, inconsciemment, je cherchais un chemin. Je l'ai suivie, comme on saisit une opportunité née d'une rencontre ou d'un évènement marquant. Celle-ci, je l'ai embrassée à bras le corps ; j'étais prêt, sans le savoir.

Ma vie a été jalonnée de projets, certains m'ont mené à des tournants inattendus que j'ai toujours considérés comme une solution plutôt que comme une malédiction. Mon dernier projet, si l'on peut l'appeler ainsi, n'était pas prévu. Ce fut celui d'accompagner mon épouse en tant qu'aidant. Son décès a mis fin à ce projet, me plongeant dans un tournant dangereux, une véritable épingle à cheveux à négocier. Chaque jour, un immense abysse d'incertitude grandissait devant moi. Il m'attirait dangereusement, menaçant de m'engloutir. Pour éviter une sortie de route, je devais me tenir loin de cet abîme, afin qu'il ne m'aspire pas dans ses profondeurs. L'instinct de survie, peut-être, me poussait à édifier une barrière robuste.

Ce tournant comme tous ceux affrontés auparavant, tout d'abord vu comme une malédiction, devint aussi une solution, générant de surcroît un immense nouveau projet.

L'écriture, pour moi, est une odyssée inédite, un voyage aux confins de l'imagination et de l'histoire. Jamais je n'aurais envisagé de me plonger un jour dans les méandres de la généalogie ni d'avoir l'audace d'écrire des romans de ma propre main, et pourtant, je me suis aventuré sur ce chemin. À l'instar d'un habile conducteur dans sa nouvelle voiture, j'entamais prudemment ce nouveau tournant, m'éloignant peu à peu du précipice de l'incertitude. Chaque mot posé sur le papier était une boussole, chaque phrase, un cap franchi. Dans ce périple littéraire, je découvrais des paysages insoupçonnés, des héritages enfouis, et au détour de chaque page, une nouvelle partie de moi-même.

De plus, l'écriture, dans le contexte du deuil, représente bien plus qu'un simple projet. Elle impose une introspection, un retour sur son passé, mais aussi une ouverture sur la vie. Car si l'on écrit pour alléger sa peine, c'est aussi avec l'espoir d'être lu par d'autres. Écrire dans ce contexte, c'est aussi transcender sa condition de victime, car le deuil est une immense blessure subie. L'écriture est devenue un pilier dans mon processus de deuil, m'apportant apaisement et réconfort. Elle me rapproche de ma moitié disparue à travers les pensées positives que je projette en écrivant.

Lorsque je m'immerge dans un personnage pour le décrire, c'est un peu de moi et beaucoup d'elle que je transcris. Ce fut le cas avec Bénédicte, dans mon premier roman. Au commencement, j'en ai pleuré, mais au travers des scènes, j'ai donné vie à Bénédicte en pensant positivement à mon épouse. C'est à ce moment que j'ai ressenti un début d'apaisement.

Le choix du roman historique s'est imposé naturellement, guidé par mes recherches généalogiques et mon rôle dans les fêtes médiévales de Pérouges, qui ont éveillé en moi un intérêt pour le passé. Ce thème me rapproche aussi positivement d'elle.

Quand j'écris sur un personnage féminin, je la revois dans son atelier de couture, devant sa machine à coudre, entourée de ses innombrables coupons de tissus, de rouleaux de broderies et de bobines de fil. Je la revois dans son rôle de présidente de l'OMF, toujours soucieuse du détail afin que les réunions soient constructives et conviviales.

Lorsque j'écris sur les enfants, je la revois dans sa préparation méticuleuse lors de ses grossesses, afin que tout soit parfait pour l'accueil à la maison de ce nouvel être. Je la revois dans l'effort puis dans son indescriptible joie à la maternité, me disant avec fierté et reconnaissance qu'elle était la plus heureuse des femmes. Je la revois veillant sur nos filles comme sur la prunelle de ses yeux. Je la revois dans sa classe, entourée de ses élèves, s'attardant avec chacun pour être certaine de ne pas en laisser un sur le bord du chemin.

Lorsque je décris des scènes, je revis les reconstitutions historiques auxquelles nous participions. Quand je parle des étals des marchands, je la revois auprès des cabanes lors de la fête médiévale de Pérouges. En tant que responsable du marché médiéval, elle s'inquiétait des besoins des vendeurs et veillait à régler tous les petits détails afin que les visiteurs ne perçoivent pas les petites imperfections.

Lorsque je décris des tenues de personnages et des rues dans les villes, je pense à elle, marchant sur les pavés qui lui tordaient les pieds. Je la vois, défilant, les jours de fête, vêtue de ses somptueuses robes et coiffes d'époque, entourée de nobles, de chevaliers et de gens d'armes.

Je ne me targue pas d'être un écrivain, cette prétention m'est étrangère. La plume agile, délicate, imaginative et prolifique des grands maîtres de la littérature m'échappe. Je suis plutôt un humble mineur du passé. J'extrais des pépites enfouies depuis des lustres dans les profondeurs du temps et de l'oubli, et j'essaie d'imaginer leur vie d'autrefois. Il me plaît de croire que je suis devenu un conteur d'histoires, tout en sculptant dans la douleur, le bâton qui m'a permis de me relever. C'est grâce à lui que j'ai pu marcher à nouveau, et me préparer, pas à pas, au grand rebond de la vie.

17. Se redécouvrir soi-même

Le diacre qui présida les funérailles me confia, lors de nos rencontres préparatoires, que le décès d'un conjoint figurait parmi les épreuves les plus dévastatrices de la vie. Ce n'était pas seulement la perte d'un être cher, mais une métamorphose profonde de soi-même. Il parlait en connaissance de cause, ayant lui-même enduré le décès de son épouse quatre ans plus tôt. Toutes ses paroles, auxquelles je n'avais prêté qu'une oreille distraite à ce moment-là, me revinrent à l'esprit par la suite. Il m'avait esquissé les étapes classiques du deuil : la sidération, la colère, la dépression et l'acceptation.

Je crois avoir traversé ces étapes, mais elles n'ont pas été linéaires. Elles se sont chevauchées, entremêlées, avec des retours en arrière, des accélérations et des pauses. La chance qui m'a été offerte a été d'apercevoir cette petite lumière au fond du tunnel murmurant « écris ! » Il me plaît de penser que c'est mon épouse qui l'a éclairée, et qui, peut-être, me guide la main lorsque j'écris.

Le diacre avait ajouté qu'après ces étapes venait la reconstruction, sans avoir approfondi le sujet. Pourtant, j'ai découvert que c'est une étape cruciale qui offre l'opportunité de se redécouvrir, de se réinventer et de redéfinir sa propre identité.

Durant notre vie conjugale, nos identités s'étaient entremêlées. Elle était devenue ma moitié, et moi la sienne. Plusieurs périodes de la vie ont contribué à cette unicité. Après l'union est venue la naissance des enfants, suivie de leur départ de la maison. La retraite a amplifié cette fusion, car nous passions plus de temps ensemble. Libéré des contraintes professionnelles, notre couple s'est encore davantage soudé, même si chacun trouvait de nouvelles aspirations dans le bénévolat. L'accompagnement dans sa longue maladie invalidante a renforcé cette fusion, car nous étions ensemble constamment.

Après avoir accepté son décès, il m'était devenu nécessaire de me reconstituer en tant qu'entité complète. Redécouvrir qui j'étais, en dehors de cette relation. Cette période de réévaluation, je l'ai traversée dans la solitude de mon refuge du Midi. Là-bas, mes longues marches solitaires en bord de mer ont favorisé une introspection profonde. Dans cette solitude, bien que douloureuse, j'ai appris à être seul sans me sentir isolé. C'est là-bas que l'écriture s'est imposée à moi.

L'écriture de mon autobiographie, au début du deuil, m'a permis de réactiver mes propres valeurs. Ensuite, dans la progression de mon récit, est venue la reconnaissance de la perte et de la douleur. Ces sentiments recouvraient tout, ne laissant aucune place pour autre chose. L'écriture m'a permis de les alléger. Ainsi peu à peu, les autres valeurs enfouies retrouvaient de l'espace et permettaient à d'autres de s'inviter.

Je me suis longuement interrogé sur le sens et la reprise éventuelle de mes activités de bénévolat dans le domaine de l'entrepreneuriat. Trois ans s'étaient écoulés depuis mon arrêt. Depuis, d'autres personnes avaient repris le flambeau et c'était très bien ainsi. Quoi qu'il en soit, je me sentais un peu dépassé, car je n'avais pas suivi le cours des évènements dans ce domaine depuis mon arrêt. Pour être efficace, une sérieuse remise à niveau s'annonçait. Ensuite venait le critère de l'âge. Une image me revenait en tête. Alors que je me lançais moi-même, tout jeune dans l'entrepreneuriat, je recherchais des réponses à mes questions. Tourné vers la Chambre économique de l'époque, je m'étais trouvé face à un homme âgé qui se présentait comme ancien chef d'entreprise. Ses réponses à mes questions me paraissaient d'un autre âge, complètement dépassées par rapport à l'actualité du moment. Cette personne m'était apparue pitoyable. Je ne voulais pas apparaître de même. Mon temps était passé.

Revenir dans les associations dans lesquelles nous étions membres tous deux ne me paraissait pas une bonne idée ; pour moi-même et pour les autres. Nous aurions tous ressenti son absence. Reprendre mes fonctions d'élu alors que j'avais démissionné était impossible. Il ne restait qu'une possibilité dans mes anciennes activités, celle de revenir dans mon club Rotary et par là, poursuivre mon aide aux autres, l'une de mes valeurs fondamentales.

Le ménage étant fait, il restait de la place pour loger l'écriture, laquelle s'est trouvée très vite en bonne position. C'est dans le Midi que j'ai trouvé l'inspiration de mes romans et assuré mon style.

Pendant cette période, je n'ai pas cherché de réconfort en partageant mon expérience avec d'autres personnes ayant traversé une perte similaire. Seule la solitude me paraissait salutaire. C'est pourquoi, peut-être, aujourd'hui, je ressens ce besoin de partage par l'écrit.

Après cette redécouverte de moi-même est venu le temps de fixer de nouveaux objectifs de vie, car je ne conçois pas de vivre sans projet. Ce projet s'est imposé naturellement et progressivement à moi : écrire pour contribuer à la recherche médicale. L'aide aux autres s'inscrit dans la droite ligne de mon engagement au sein du Rotary international dont la devise est : « Servir d'abord ».

Cette expérience d'écriture, bien que jalonnée de défis émotionnels immenses, m'a appris à vivre avec le deuil. Elle m'a transformé, me rendant plus patient, plus réfléchi, plus fort et encore plus empathique. Elle m'a permis de développer une nouvelle compréhension de la vie et de ses priorités.

Je constate de plus que l'écriture devient pour moi une voie alternative, un écho de cette parole que je n'utilise plus dans ma solitude. Chaque mot posé sur le papier me permet de donner vie à des personnages qui ne sont, au fond, que des fragments de moi-même. Tel un ventriloque dissimulé dans l'ombre de sa scène, je fais parler ces êtres imaginaires, leur prêtant ma voix, mes pensées, mes peurs, et mes désirs. À travers eux, je parle et j'existe autrement.

18. Rebond

L'ancien président de l'OMF de Pérouges, avec qui j'avais gardé quelques contacts, m'invita un an et demi après le décès, à un déjeuner avec un groupe d'amis. Je retrouvai des personnes que nous avions bien connues au temps de notre implication dans la cité médiévale. Ils souhaitaient tous connaître ma situation actuelle. Je racontai ce qui, désormais, me donnait une raison de vivre : l'écriture.

Au terme de mon récit, tous me congratulèrent et l'un d'eux me dit simplement :

« Bravo, ça, c'est du rebond ! »

Ces paroles me donnèrent l'envie de raconter nos années de galères et comment moi, l'ancien aidant, je parvenais peu à peu, à surmonter cette épreuve douloureuse du deuil.

Bien entendu, chaque deuil est différent des autres en fonction du vécu personnel. Garder l'espoir qu'une lumière s'allumera tôt ou tard dans le tunnel est important. Elle montrera le chemin de la sortie et du rebond. La décision appartiendra alors à chacun : la suivre ou l'ignorer.

Ce rebond n'efface pas les souvenirs, bien heureusement. Ils resteront présents jusqu'à notre dernier souffle, mais il les rend plus acceptables. L'être aimé disparu, sera toujours vivant dans le cœur de l'aidant. La blessure ne se cicatrisera jamais complètement, et l'amour qui nous a unis sera toujours présent, il en sera même transcendé.

Par amour et respect de l'être disparu, l'aidant a un devoir : rebondir dans un souvenir apaisé.

À ceux qui me crient :

« Reviens ! » je dis aujourd'hui :

Me voici revenu, mais je ne suis plus le même. Cette période a irrémédiablement transformé ma vie. Ce deuil toujours en cours a favorisé chez moi une nouvelle naissance. Je m'étais enfermé dans le cocon de l'accompagnement avec mon épouse. Pour elle, hélas, cette chrysalide ne lui donna pas la légèreté d'un lépidoptère, elle devint son tombeau à l'égal de la chenille. Après son départ, ce cocon, devenu trop grand pour moi seul et empli de souffrances, m'a transformé. J'en émerge désormais tel un papillon doté de possibilités nouvelles, construites par le grand mécanisme de la transformation des douleurs en actions positives. Je revois le jour dans un autre état d'esprit et je vis désormais avec une nouvelle compagne : l'écriture. Cette compagne est devenue mon nouveau lever de soleil.

Au travers de mes recherches historiques et de mes écrits, j'ai retrouvé un peu de paix intérieure. J'avance avec plus de sérénité sur mon sentier de vie, appuyé sur mon bâton porteur de mes sculptures de douleur. De quoi demain sera-t-il constitué ? Nul ne le sait. Chacun doit découvrir son jour suivant, pas à pas, avec toujours des projets et des rêves en tête, tel un carburant qui donne la vie à un moteur.

L'être humain est ainsi fait : encaisser, tomber, se relever, accepter, s'adapter, rebondir, jusqu'au bout.

Table des matières

Remerciements

À mes chers ami.e. s proches

Vous les proches, que je ne nomme pas ici, mais vous vous reconnaîtrez, votre soutien précieux m'a servi de bouée tout au long de ces années. Vous avez été nos piliers sur la durée de l'accompagnement et vous avez poursuivi votre aide durant mon voyage à travers le deuil et la renaissance. À chacun et à chacune d'entre vous, j'exprime ma gratitude infinie.

À ma famille

Sans votre soutien discret, mais ô combien important, je n'aurais jamais réussi à traverser ces épreuves et en ressortir transformé. Du plus profond de mon cœur, je vous remercie.

À mes autres ami.e.s

Vous qui êtes restés en arrière-plan, je sais que vos pensées nous ont accompagnées. Votre retenue a été un geste de générosité qui m'a profondément touché. Enfin, un grand merci à celui qui a été évoqué précédemment, sans le nommer. Ce petit livre n'aurait jamais vu le jour sans la justesse et l'à-propos de ses paroles lors de nos retrouvailles un jour au restaurant, après de longues années d'éloignement.